〔英〕安德鲁·塞斯 著

邢长江 译

从康德到黑格尔的发展
兼论宗教哲学

The Development from Kant to Hegel
With Chapters on The Philosophy of Religion

Andrew Seth

商务印书馆
The Commercial Press

Andrew Seth
THE DEVELOPMENT FROM KANT TO HEGEL
With Chapters on The Philosophy of Religion
Williams and Norgate, 1882
根据威廉姆斯与诺盖特公司 1882 年版译出

译者序

近年来，英美哲学界对德国观念论哲学所做的诠释因其独特视角和卓著成果而愈益引起人们的重视。不过，我们同样需要关注的是，英美哲学界向德国古典哲学所表达的这种热切兴趣并非源于一种新鲜的时髦。事实上，这种热切兴趣本身就具有悠久的历史，并根植于一个深厚的思想传统。特别是在19世纪末20世纪初，英语世界的许多哲学家就曾经服膺于德国观念论哲学，亦步亦趋地、耐心地学习研究德国观念论哲学，并在此基础上创立了自己的所谓英国观念论传统。这个英国观念论传统对当时整个思想文化甚至政治界影响巨大，从中派生出了更加为人所知的、新的哲学派别，而当今欣欣向荣的英美观念论哲学研究亦无非这一思潮的余波。

本书的作者安德鲁·塞斯·普林格-帕蒂森（Andrew Seth Pringle-Pattison，通常称安德鲁·塞斯）正是上述英国观念论传统中的一位代表人物。塞斯1856年出生于爱丁堡，父亲是一位银行职员，母亲是一位农场主的女儿。1873年，他进入著名的爱丁堡大学就读，主攻古典学和哲学，在校期间他受到老师坎贝尔·弗雷泽（Campbell Fraser）的影响，而后者更是成了他一辈子的朋友。1878年，他以优异的成绩毕业，并赢得希伯特游学奖学金，因此有机会到柏林、耶拿和哥廷根访学两年，并跟随洛采（Lotze）学习。1880年，塞斯成为弗雷泽的助手，并在1883年成为贝尔福讲席教授（Balfour Lecturer），在卡迪夫大学任教。1887年，他回到苏格兰，成为圣安德鲁大学的逻辑学修辞学和形而上学讲席教授，之后还成为吉福德讲席教授（Gifford Lecturer）、希伯特讲席教授（Hibbert Lecturer）等。1891年，他接替弗雷泽，担任爱丁堡大学的逻辑学和形而上学讲席教授。有趣的是，在爱丁堡大学，他与他的弟弟詹姆斯·塞斯（James Seth）做了21年的同事，因为1898年，他的弟弟成为爱丁堡大学的道德哲学讲席教授。塞斯1919年退休，1931年逝世于爱丁堡。本书收集的正是以《从康德到黑格尔的发展》为中心的一系列塞斯的代表性著作和论文。

本书的第一部分是《从康德到黑格尔的发展》（1882）一文。[①] 这篇文章是塞斯在德国游学之后完成的，不管从内容上还是从形式上看，它都类似于一份阶段性的学习总结报告，但是这篇文章却对整个英国观念论产生了深远的影响。从标题来看，读者很容易想到四十年后出现的另一本名著：里夏德·克朗那（Richard Kroner）的《从康德到黑格尔》（1921）。这两部作品反映了当时哲学界一种主流的哲学史的理解范式，即认为整个德国观念论运动经历了一个从康德到黑格尔不断发展的进程，并且整个进程依循着一条中心线索和内在逻辑。直到亨利希（Dieter Henrich）提出"星群"（Konstellation）范式，指出真实的德国观念论者之间并不是"你番唱罢我登场"那样戏剧般发展和替代的关

[①] 原书第一部分的标题在正文第一部分开头作"从康德到黑格尔的发展"，在目录和正文第一部分奇数页页眉上作"形而上学基础"。中译本选择统一为"形而上学基础"。

系，而是呈现为满天星斗交相辉映的关系之后，这种传统的"从康德到黑格尔"的理解范式才逐渐被人抛弃。亨利希的"星群"范式固然是正确且富有启发性的，因为它更能重现德国古典哲学的历史思想语境和生活世界，但是塞斯和克朗那并不因此就是错误的。因为正如整部人类历史并不因为其中出现的具体事件而不具有整体发展脉络和目的方向那样，整个德国观念论运动确实是围绕着一些核心的关切而展开的，它的历史也不仅仅是一个纯粹经验性的故事，而是整个时代精神的外化和显象。德国观念论的历史完全有资格被理解且书写为一部"心史"。更何况，塞斯在《从康德到黑格尔的发展》中反复强调，他无意把德国观念论的历史发展简单地呈现为线性的、单向度的进展，他只不过是要通过指出从康德到黑格尔的发展，勾勒出驱动整个德国观念论运动的核心动机。他认为，这个核心动机即形而上学的动机。在他看来，康德的划界绝非要取消形而上学，相反地，他的哲学旨趣在于重塑形而上学，而费希特、谢林和黑格尔都是围绕着这一旨趣在不断完善。塞斯最为重视费希特的部分，因为他认为费希特在这个发展历程中所扮演的角色最为重要。当然，他最终给予了黑格尔最多的肯定和最高的褒奖，认为许多人之所以会如此批评黑格尔哲学不过是因为他们的误读，这一点明显反映了当时黑格尔哲学在早期英国观念论圈子中受到追捧的事实。但是，他同时也对黑格尔提出了自己的批评，而从后人的视角来看，此时的批评其实预言了塞斯在后来与黑格尔哲学的分道扬镳。

附于《从康德到黑格尔的发展》之后的，是塞斯对康德和黑格尔两人的宗教哲学的评论。形而上学和宗教是塞斯一生中最为关注也用力最勤的两个重要命题，这使得宗教哲学的这个部分相当精彩而有洞见。他指出，宗教哲学既可以不是一种神正论和护教学，也可以不是一种对宗教的反叛。宗教哲学其实始终还存在着"第三种立场"，我们可以从莱辛在这一问题上的矛盾态度中看出端倪。而塞斯希望通过分析康德和黑格尔的宗教哲学，进一步说明现代精神的复杂多面以及它和宗教与传统之间的纠缠和张力。

《哲学之科学的当下立场》是塞斯 1891 年在爱丁堡大学的就职演讲。这篇演讲虽然短小且面向公众，但是它所指向的问题极为关键，它所表达的情感也最为动人，所以是本书中最能引发我们今日哲学人之共鸣的一段文字。在这篇文章中，他回顾了在爱丁堡大学求学时的过往，指出他眼中真正好的人文教育和哲学教育所必须具备的要素。他同时也指出了哲学在现代世界中所面对的来自心理学和自然科学的冲击与挑战。这一方面捍卫了形而上学和哲学的尊严，另一方面承认了传统的形而上学和哲学也需要抛弃自命清高的态度，切实关注心理学和自然科学的发展，参与和回应现代科学的重要论争。在 1883 年出版的、云集了当时整个英国观念论运动所有重要人物的文章的格林纪念文集（《哲学批判文集》）中，塞斯的《作为范畴之批判的哲学》一文被置于最前，它也可能是文集中最为重要的一篇文章。在文中，他从对"批判"这一概念的辨析出发，褒扬了康德对范畴的发现，因为他认为康德的范畴事实上可以成为超越二元、统合人与世界的联系。与此同时，他也批评了康德范畴中的心理学倾向。在这里，塞斯无疑把范畴与超越和形而上学关联了起来，希望完成一种类似黑格尔所说的"有差异的统一"，甚至进一步把这一哲学构想贯彻到政治和社会思想的领域。就这一角度而言，《作为范畴之批判的哲学》可谓英国观念论整体思路的一种总结，所以具有突出的代表性意义。

不过，如果我们把塞斯在本书中的思想与当代英美的德国观念论研究进行对比，那么就仍旧可以发现，二者之间虽然存在上述的亲缘关系，但是也具有明显的差别。心理学的、分析哲学的、认识理论的动机如此鲜明地体现在当代英美的德国观念论研究之中，今天的英美研究者再回看塞斯的这些文字时，恐怕会因它到处散发的形而上学气息而感到厌恶。它无论如何都显得太陈旧了，甚至其文笔和表达方式都是如此之古奥，以致在我们今人看来，塞斯对德国古典哲学的解读本身并不比其解读的对象更加好懂。但是至少它始终可以作为一种研究范式的参照，以便于我们对自己熟悉的研究思路有所反省；它之所以让我们感到不易亲近，也许正是因为它具有我们今人所缺乏的优点。

最后需要感谢黄涛先生的推荐、介绍和对我的激励，使我有机会关注到塞斯的思想和著作。另外还要感谢罗浩（Paul Kim Hösle）先生耐心地在拉丁文和原文理解方面为我释疑。本书的文字表达与当代英文有极大的差异，而且修辞方式又常常过于委婉，以至于让我在翻译的过程中时常感到困难，也难免会犯下一些错误，因此恳请我的前辈和读者不吝批评指正。

目　录

序　言 …………………………………………………… 1

第一部分　形而上学基础

第一章　康德式知识批判的后果 …………………… 5
第二章　费希特 …………………………………… 17
第三章　谢林 ……………………………………… 50
第四章　黑格尔 …………………………………… 64

第二部分　宗教哲学

导　言 …………………………………………… 85
第一章　康德的宗教哲学 ………………………… 90
第二章　对康德立场的批评与向黑格尔的过渡 …… 121

附录一　哲学之科学的当下立场（就职演说）…… 153
附录二　作为范畴之批判的哲学 ………………… 171

序　言

本文的第一部分原本是我 1880 年夏天在德国写成的，作为我两年来以希伯特游学者（Hibbert Travelling Scholar）身份学习的总结。因为希伯特信托的受托人决定出版这篇论文，所以我才有机会几乎完全把它重写一遍，希望以此尽可能地给英国的德国哲学研究做出一点实实在在的贡献。而关于宗教哲学的第二部分则是应受托人之要求而增加的。

通过追踪费希特、谢林和黑格尔对康德哲学的发展历程，我把自己的注意力集中于不同思想家所坚持的基本的形而上学立场之上。本文计划把这一点当作头等要事，而我认为，这也有助于澄清一些问题。许多优秀的康德研究著作最近都以英文发表，这使我可以不必再巨细靡遗地陈述康德的哲学。因此，在第一章中，我自己只会对这些成果做一个批判性的陈述。我把明显超出比例的篇幅用在论述费希特思想上，希望以此来证明，康德与费希特之间的区别远比费希特与他的两个后继者之间的区别要大得多。费希特最早从康德思想中提炼出观念论原则，并使之仍旧能与康德思想分享共同的基础，因此，我完整地叙述了费希特建构他自己的形而上学理论的过程，也批评了他采用的这种陈述方式所独有的缺点。与康德甚至黑格尔在我们国家所受到的重视相比，费希特所受到的关注要少得多，而这就使得这个聚焦于他与众不同的哲学立场的概述也许有些用处。

相反地，在第二部分，我没有提及费希特和谢林在宗教哲学方面的特别观点，而是直接关注从康德到黑格尔的过渡。总的来说，费希特晚年对基督教的处理预示了黑格尔的理论。但是，不管费希特或谢林在宗教哲学领域的专著可能多么有趣，在我们这里所追踪的历史发展进程中，它们都终究无关宏旨，而正是因为我们将其置于一边，才使我得以省却太多的重复。我花了大气力对康德的《纯然理性界限内的宗教》(*Religion within the Limits of Mere Reason*)这本不同寻常的书做了一个完整的叙述，因为人们通常没有充分认识到它的历史重要性，也没有充分认识到它与康德总体哲学概念之间的有机联系。

于爱丁堡

1882 年 2 月

第一部分

形而上学基础

第一章　康德式知识批判的后果

　　尽管人们对康德所作所为评价不一，但是权威名宿们普遍认为，他的批判性考察为哲学确立了一个新的起点。人们在阅读康德和评价他的成果时会意见不一，因为人们总是强调他思想中的某一要素，所以即使各执己见，却也还会都搬出康德的名字。在一切分歧之下的是一种确信，即相信康德的体系及其合法的衍生物除了像以往的一切体系一样具有历史价值，还具有当代的意义和用处。近来涌现出如此多英文的康德研究著作，以至于即使我再试图重新解开批判性思想的一团乱麻，也不会使人对我的工作致以谢意。因此，我只会一般性地陈述那些在我看来最有价值的康德的成果，并谈谈康德的体系有哪些前后不一之处，以至于我们不能把它看作已完成的作品。这将足以向读者表明我是通过怎样的批判过程才形成了我的立场。我当下的目标在于说明，康德是如何向自己提问的，他是通过何种方法回答这些问题的，而这些方法何以在他和他的德国直接后继者手中被扩展为一种形而上学的新的解决方式。本书第二部分说明了这种新的解决方式对宗教哲学的影响。

　　康德的那句老生常谈（"一种对经验的可能性条件的探究"）能最好地描述他在面对不同的考察时所共同采用的方法。他所获得的成果皆无非是一种从日常和科学经验之事实当中倒推回来的结论。要使知识的事实得以可能，需要什么样的条件呢？伦理行为的观念中包含了什么样的前提呢？美感与和谐的有机体的理念何以可能，或者说，基于怎样的条件呢？人们可以通过这种方式把三大批判的问题放到一起，并且认识到它们所采用的方法有怎样的共同之处。在每一个案例中，人类经验的一个部分或阶段都得到了分析，以此可能性的条件便得以被发现了。对现实性的证明并不成为问题。举例说，对物质存在的讨论是没有用的。我们都知道，或者至少科学告诉我们，我们现实地看到什么、感觉到什么。康德式的问题是：要构成经验（比如我们知道它），哪些观念和存在是必要的？但是先验方法并不在于人们所说的那样，接受事实且把它们重新命名为生产它们自身的能力或条件。把经验分析为它的组成要素正是对康德问题的回答。如果分析是正确且详尽的，那么这些要素之间有机的、互相依存的关系就将得到证明。如果做到这一点，那么就不应该再对成因有所要求了。对于被视为如此一个统一体的经验来说，除了自身，不再可能有其他的原因。

人们通常且正确地把我们现在所聚焦的这部《纯粹理性批判》描绘为一部"认识论"（Erkenntnistheorie）或知识论领域的巨作。在一开始，最为重要的是把握术语的意义，否则就会误失先验方法的整个走向和范围。如果康德仅仅是要展示个人获得知识的特定能力或天赋，那么我们可能立即就要承认赫伯特·斯宾塞（Herbert Spencer）的证明并非无的放矢，因为后者指出，每个人自身之中所具有的先天因素来自其祖先之经验的聚合。但如果那是康德的目的，那么他除了是最后一个活该被公开批判、总在想着先天之物的思辨者，绝不会在历史中占据任何与众不同的位置。之所以有如此的误解，康德本人可能要负部分的责任，因为他有时候把心理学的东西与他的考察联系起来；① 但是他清醒地意识到他的先验逻辑的方法与经验心理学的历史性或描述性的程序之间到底存在着什么差别。通过探讨他的方法的原则，康德严格地把他所谓的事实的问题(quid facti)与权利的问题(quid juris)区别开来。② 要回答前一问题，就不得不对所有各种已知的认知努力做一种比较性观察。在这里，儿童、野蛮人和动物这些初等理智的自然史都应该被考虑在内。但是根据康德的说法，这种纯粹或然性的结论并不会对关于先验方法的绝对必然性后果产生影响。先验方法是要演证：不管在何种概念之中，如果没有它，知识就不存在。它分析了理性知识的观念之中到底包含了什么东西。只有这样一种方法才能给出人们所要的那种"演绎"，或者才能为理性概念所占据的必然位置做出辩护，才能为它在经验构造中起作用的权利做出辩护。康德不断地强调，这种作为知识的、对知识本性的先验叙述(或者，正如他在其他地方所说的，一切认知的逻辑形式)是一回事，而在这样或那样的经验性意识中，它的综合要素在何种程度上被领会又是另一回事。他在谈到作为知识之至上条件的自我观念或经验性意识的时候指出，它是清晰还是模糊"在这

---

① 他太过随意地使用类似"内心"(Gemüth)这样的词，这是因为他坚持使用他从沃尔夫派那里继承下来的关于各种能力的说法。也许，他在坚持知识世界和存在世界之间的分离时更加随意。在他强调我们知识的主观性或非本体的特性时，他的术语变得极具误导性。在这些段落中，理性的整个体系看似回缩到个人的心灵之中。

② 参见 *Werke*, iii. 106 et seq. (ed. Hartenstein)。

里并不重要，甚至它是否存在也不重要"①。康德反复地使用"可能的"和"能够"②这样的术语，而这本身说明了，他考察问题时带有的一般特征在他的头脑里留下了多么明显的印迹。

当康德对知识的概念进行此种分析时，他发现"常驻不变的我"③是使一切联结具有经验可能性的基本条件。但是自我——或持存常在的主体——只有在不因观念的变换而消失这一意义上才是常驻不变的。但它之所以是常驻不变的，绝非因为我们可以继续接受它仅是一个不包含内容的空洞概念。正如康德所说，统觉的统一性如果不与一个对象相关涉，且不对其进行综合，那么它就不能被理解。在这里，方法赖以具有说服力的、概念间的特殊关联与纠缠变得明显。尽管进行着认知活动的自我是经验的最初且至上的条件，但是它也需要一个与之相关的理知世界作为其不可或缺的前提。在这里，我并不是要进一步地呈现这个过程，也不是要证明主体和客体之间的理知的联结（或者换句话说，理知的宇宙的实存）何以依赖那些关于实体性、因果性等的原则。我只想指出演证的原则。

之前的哲学都假设思维与事物是二元论的两歧，而休谟已然通过对实在知识的怀疑终结了这一传统。废除这种潜在的公设正是康德方法的后果。但是通过"反驳"休谟，康德自己又自

---

① Daran liegt hier nichts, ja nicht einmal an der Wirklichkeit desselben. *Werke*, iii. 578.

② 比如"'我思'必须能够伴随我的一切表象(muss begleiten können)"；或者"如果没有与一个至少可能的意识(ohne das Verhältniss zu einem wenigstens möglichen Bewusstsein)有关，那么对于我们来说，现象就不能成为一个认知的对象"。*Werke*, iii. 115, 579.

③ *Werke*, iii. 581.

第一章 康德式知识批判的后果

始至终地在做同样的假设,而这种假设又在他这里带来了一连串同样的怀疑论的结论。即使康德要反驳休谟且为我们的知识所具有的实在性做辩护,但这里的知识也还不是一种关于实在事物的知识。在康德看来,人关于现象的知识既完全值得信赖,又绝对可以得到完善;但是这些只不过是实在事物透过他自己心灵中的镜子被歪曲之后所呈现出来的映像。事物自体或本体存在于一个超越的世界之中①,而人不具有穿透那个区域的能力。他无法不受到思维之本性的影响,他无法用其他方式认识事物。但是这种陈述的方式必然提出这样一个问题:既然康德需要把本体认识为某种现象背后的、与现象不同的东西,那么这种需要真的不仅仅是某种同时认识和不认识某物的欲望吗?因为如果我们仅仅改换人类思维的形式,那么我们并没有更好地认识实在事物——在人用新的思维形式认识实在事物的过程中,新的思维之本性一定会以同样的方式给实在事物涂上自己的颜色。因此,除非我们可以完全避免思维,也就是说,除非我们可以不思维就认识一个事物,否则我们就不应该满足于这种对实在性的不切实际的需求。②

---

① 这是康德思想的最终成果,尽管康德拒绝把这些论述归于本体,而是归于一个成问题的实存。但是,必须同时指出,通过对实践理性的叙述,康德开辟出一条更为真实的思想线索,即他把本体世界指认为伦理行动的领域。

② 孔德自夸他把本体和形而上学都驱逐到世界之外,其实他仍旧在依据同一种思维习惯思考问题。今天的人们都非常习惯于认为形而上学的整个活动都在徒劳地追求这种所谓的本体,不管这种认识习惯最终呈现为孔德主义、新康德主义还是简单的科学经验主义。到现在为止,人们都急迫地要求形而上学把人从这种本体之中解脱出来。只要这些人宣称什么东西不可知,这种压力就始终如影随形。形而上学必须说明(并且黑格尔也确实说明了),这种不可知论者自己也是一帮自相矛盾的无能之辈,当把一种特殊而又不可触及的实在性归因于我们自己思维的抽象时,我们其实犯下了最为怪诞的错误。

但康德最终却以一个与原先完全不同的立场抛弃了这个哲学问题及其二元论陈述。休谟认为，正是通过由反复出现的印象所组成的感觉和想象，世界才被建构起来。也就是说（虽然休谟否认任何关于印象来源的假说），心灵是完全被动的，且受到某个外在的某物的影响。① 康德则说明了，没有知识可以单纯从印象之中产生出来，而思维在进行一种积极的综合。我们用来表达事物（比如数、实体、原因等）之间的联结和体系时所用的概念是一回事，而以自我为中心的统一性把无形式的杂多印象整理和捆绑在一起时所采用的方式是另一回事。这些概念或范畴构成宇宙中持存常在的东西；而通过把它们转到主观这一侧来叙述，康德证明了心灵是创造已知世界的主要功能。我们越跟着康德的脚步做分析，以印象的方式呈现的来自事物这一侧的贡献就越变得无足轻重。尽管康德甚至要说，这些杂多本身"对我们来说不折不扣就是无"②，但是它在事实上却并没有消失。其实，如果我们从这一侧入手来探讨问题，那么被包裹于一切思维之中的一个物质的内核（或者一种感官的刺激）就不可避免地会出现。但是康德却自己举例说明了，这种残留物就是一个正在消失的量③；他用"物自体"（Ding-an-sich）这种说法来形容这种残留物，可这正是批评者首先抓住的点。人们很快地发现，二元论的这种残余与他所主张的更为基础性的学说不相一致；不管我们可以找到什么方式来避免一种终极的二元论，雅可比（Jacobi）、迈蒙（Maimon）和费希特的犀利批判都对康德

---

① 由于休谟习惯"与俗人交谈"，所以这里的"外物"有时是一个橘子或一张桌子。
② *Werke*, iii. 574.
③ 所谓"正在消失的量"即类似于无穷小，近乎没有。——译者

的构想造成致命冲击。

但是这些批判无损于康德对哲学做出的真正贡献。正如我们所看到的那样，他的真正贡献就在于他发现了知识的真正本性——这种发现一旦被完全接受，就会使我们不再把如此多主观和客观的知识要素都混为一谈。在《纯粹理性批判》中，范畴的发现首先看起来仅仅是一种把事物的本性转为心灵的本性的概念转换——如前所述，从叙述的客观一侧转到主观一侧。但逐渐地，主观和客观这两个词的新意义出现了。康德的全部工作都是为了证明，只有范畴才能赋予事物以客观性与持久性，而只需要对他的方法稍作扩展就可以看到，那些对被思维的事物来说是真实的东西，对心灵或"思维的事物"来说同样真实。思维着的人和事物"对于我们来说不折不扣就是无"，除非它们通过知识被联合起来。（用更为哲学化的说法来说）哲学发现了，旧的主体与客体之间不可能获得和解，因为当它们从知识的有机体（它是唯一的整体，且构成宇宙最终的客观性）分隔开去之时，它们都是空洞的抽象物。理性的概念是实在性的主干，它一方面把稳定性传达给事物，另一方面把实在性传达给关于它们的知识。需要注意的是，这些都是同一事实的两个方面，因此，我们必须不能像前康德的哲学那样，从原初分裂的两极开始（依照字面的意思，除非这两极被联合在一起，否则不能被认识）。康德的不朽之功就在于他掀起了一场思维革命，彻底影响了人们看待实在知识之构成的方式，也影响了人们寻求实在性的道路。通过将范畴作为把人与世界联系在一起的绳结，他教导他的后继者要在这些概念的体系中（以及在由这些概念所构成的无条件的思维之中)寻求宇宙的实在性。

通过采纳这个总体立场,观念论使自己不再沾染康德在反驳休谟和联想学派(Association school)时暴露出来的毛病。对于哲学来说,坚持概念的先天(而非后天)来源不再是重要之事。尽管人们完全认可了联想主义的整个心理学,但是概念仍旧没有发生说明变化。事实上,个人(或至少是种族)总是只能得出一个看似平淡的结论,即一切观念和思维都毫无例外地会被经验的漫长过程击败。但是最终获得这些概念的成就本身最好地证明了,不管从事认知活动的个人是否承认,这些概念都已经被包含在经验的结构之中。这些概念是不具人格的理性条件。换句话说,除了个人为认识它们所经历的过程,这些概念本身可能已经被视为构成宇宙的要素。

在康德批判沃尔夫的理性心理学的"纯粹理性的谬误推理"中,我们可以最为清晰地看到,康德二元论的前提与他自己方法的精神之间存在着怎样的冲突。因为这一部分的论证线索使费希特对康德思想的扩展得以可能,所以我们可能很有必要对其更为留意。康德说,关于灵魂及其不朽之本质的论证"把对我经验性地确定的实存的可能之抽象与自以为对我能思维的自我的一种孤立的可能的实存的意识混为一谈"①。"我思"是一种若不被经验的过程填满就绝不思维的意识。若不被填满,它就是"一种完全空洞的表象",并且从来没有人能不诉诸那个过程来谈论它的实存,即没有人能把它看作一个简单的、数目上同一且持存常在的实体。事实上,康德所做的这些定义绝对是荒唐

---

① *Werke*, iii. 289.

的；因为它们试图把主体固定为一个具体的对象（因为正如康德在其他地方所描述的那样，它是"一切实存的相关物"①，"唯有可能通过作为其谓词的思维而被认识"）。也就是说，一方面，我们不能对知识的先验主体的本性说些什么，因为在每一个主张中它都在起作用，并且可以说，如果我们把它当作观察的对象，那么我们就没法真正认识它。另一方面，人们在经验的过程中逐渐形成了个体的自我意识，而后者本身是那个过程的一个确定的部分。我们必须把个体的自我(the individual self)当作一个事实来加以接受，但我们无法由此推断出超越其当下实存的任何东西。因此，理性心理学的整个结构就都落空了。

上述论证呈现出两个面向。从一个视角来看，通过批判思维着的事物这一谬论，康德毁灭了旧的独断论，且使之无重生的可能；但从另一个视角来看，他并没有完全展现出自己的思想高度。确实，作为达成一切知识的手段，先验主体只能作为思想的载体被我们认识。但是，恰恰是自我的这种属性把它规定为包含一切的领域，或者用康德的话说，规定为一切实存的相关物；而一旦我们牢牢地把握自我的这种普遍特性，就不再会对超越知识领域的东西展开提问。依据其构想，实存的界限与认识的界限是同时出现的。但是，康德把主体的这个方面仅仅看作我们不能克服的"不便"(inconvenience)，并且通过把它与现实世界分隔开来，因而从两个方面来说，关于自我的描述都不再具有说服力：一方面，物自体的实在性超越于现象知识之上；另一方面，它本身又不是思维

---

① *Werke*, iii. 617.

着的人的本质。康德把意识的普遍形式说成是"仅仅是我的主体的一种性状(Beschaffenheit)"①；这也相当于说，除了关于认识的先验自我和被那种自我所认识的现象或经验性的意识，在每一个现象的人背后，还存在着一种本体的实在性——一种实体性的 x。因为"我性"(I-ness)进行着思维的活动，所以它是本体性存在的一种属性，但是它自身并非这种思维活动。换句话说，康德并没有把他自己从独断论的思维模式中解放出来，他仍旧认定存在某种思维着的事物。只不过他坚持认为，对于我们来说，它不可认识。思维的普遍功能应当作为其"性状"从属于某种实在性的要求，而这种要求所对应的恰恰是在认识的更深层面上所做的关于物自体的预设。在康德的眼中，正是因为我们不可能认识本体(而不是因为像思维着的自我那样不可能形成关于实体的充足概念)，所以旧有的理性心理学才遭受了致命一击。

之所以会出现三种自我(我自身、"我思"或先验主体、现象的或历史性的个体)互相纠缠的奇特乱局，不过是因为康德仍受制于他所反驳的思想。康德始终没有放弃"人有可能认识事物自体(不通过其谓词就得以认识事物)"的观念。他说，"一个物自体与纯然构成它的状态的种种规定具有不同的性质"对于他来说是"不言而喻的"。② 因此，最终在康德那里，思维仍旧是一种

---

① Werke, iii. 277.
② Werke, iii. 593. 当然，我们可以说，只有在其状态之总和(而非其中的单个状态)中我们才能恰当地表达某物(甚至某人)；而因为人们不能把它们全部加总为一条无限的序列，所以对某物的现象呈现也许并不能穷尽事物的性质，即不能穷尽物自体。但是把时间因素引入问题无助于问题的解决；因为未来的一切条件都必须永远在场(尽管这一点我们在分析时会忽视)。除非"眼睛像上帝一样敏锐"，不然任何对给定事物的认识都绝不可能是穷尽的。但是，尽管如此，一个事物的本性或本质如若被看作一个当下的统一性，那么它就不过是质的总和。

主观的修正（subjective modification），即一种把某种本身先于思维的东西形成表象的模式。它既没有赋予思维者以实在性，也没有赋予事物以实在性。与这种总体观念相一致的是，在我们思考的这一部分中，康德应该把真正属于理智之特权的东西看作我们理智的缺陷；也就是说，它不能受制于自己创造的东西和工具，至少不能受制于类似实体这样用来阐明物质事物的范畴。

但是康德通过其言说模式，引导我们去超越他本人的观点。在《纯粹理性批判》的第一版中，他说："自我意识是一切统一的条件，并且其自身是无条件的。它并不通过范畴认识它自身，而是在统觉的绝对统一中通过自己本身而认识范畴，并且通过它们认识一切对象。"①这些惊人的话语立刻把普遍之自我的真正本性表现出来了，而这也是他的后继者——特别是费希特——所坚持的。这些后继者用这种直入本性和尊严的洞见来统合康德的体系，使之前后一致而不需要再做任何外在的假设。物自体被保留了下来，因为思维应该是某种特殊和主观的东西，但是如果先验统觉全然地是普遍思维的意识，那么不言而喻的是，为思维而存在的知识的世界即由现实事物所构成的世界。与此同时，同一的自我呈现于个人之中，这充分地解释了外在经验所具有的稳定性和确定性，因为所有人都承认这种稳定性和确定性不因他们起伏不定的状态而受到影响，并且这些特性是物自体本身的功能之一。因此，我们可以看到，普遍的自我和个体的自我——上帝与人——之间的关系被改变了。它们不再是

---

① *Werke*, iii. 617. 强调为原文所有。

互相外在的事物，正如贝克莱的一个理论中所指出的那样，在上帝之中，我们可以认识到持存常在的外在世界所具有的基本原理。可以这么说，上帝不再透过虚空使我们感到不安；相反地，通过意识，我们一开始就与一切理智一样被置于一个思维的体系之中，并且通过某种普遍的功能出现在其之中，这个思维的体系作为一个可知的世界向每个个人敞开。康德并不像他所批判和颠覆的独断论体系那样，把人、世界和上帝看作三个互相分隔的事物。从思辨的立场上看，也就是说，从内部来看，它们是一个整体的部分或环节。事实上，康德的哥白尼革命这一隐喻具有比他自己所设想的要更丰富的意义。实际上，这种比较主张，我们可以克服人类站在地球上的这一先决条件，并且从一个似乎是普遍的或以神为中心的立场（至少模模糊糊地）来看宇宙。

　　康德坚信他已经终结了形而上学，并且代之以一套为人类理性划界的学说。他事实上做的事情是改造科学的观念。一方面，我们看到，只有不完美的逻辑所投下的阴影才是他眼中阻挡人类理智前进的障碍。另一方面，我们理智的本有特征不因局部知识所具有的界限而受到影响。确实，我们只是在设想一切思维在类上的同一性，却未曾真正追问它。因此，在康德的努力之下，创造性的和再生性的理性之间的同构关系（如果我们可以这么说的话）虽然被康德否定，却成为他的后继者的起点和不变的先决条件。通过摧毁旧的形而上学，康德已经成为一种新的形而上学的创立者，而在这种新的形而上学中，每一个问题都呈现给我们以新的范围和意义。

第二章 费希特

在这里，我们没有必要依照一步一步直至新的形而上学最终被成体系地确立这一进步逻辑来盘点人物。一旦早先的阐明被后来者明显地取代，那么前者也就马上不再具有历史价值。此外，我们不应让细部的差异掩盖基本的一致。只要我们的考察足够详尽，那么就只会发现——即使不做这种详尽的考察，我们也会爽快地承认——黑格尔是我们所知的名为德国观念论的这一整场思想运动的集大成者，并且他最为完美地描绘了这场运动。但是，为了澄清我们所读黑格尔著作中术语的完整意思，我们需要指出这些术语的演变线索。如果不对他在历史上的前辈做一番述评，那么我们就不能了解他在呈现其理论时所采用的特殊的言说形式。这种方法还能使我们了解到黑格尔的点点滴滴，因此在思考他对整个思维体系所做的特别贡献时，不必再做多余的阐述。而要达到当下这个目的，对费希特和谢林的主要立场（只要这些立场仍被证明具有历史意义）做一个概观就足够了。

费希特总是在强调，他自己的体系不外"被恰当地理解的康德的学说"，即"一以贯之的、真正的批判"。[①] 但是与此同时，他承认，只要康德的著作在他眼中仍旧不够好、不够前后

---

① Fichte's *Sammtliche Werke*, i. 89 and 469.

一贯，那么他就不得不首先以他自己的方式发现知识学（Wissenschaftslehre）。对康德后继者的体系精神而言，康德用如此不连贯的形式来留下结论这一点实在让人无法忍受，以至于后继者需要一种全然一体（aus einem Stück）的哲学。因此，他在最早一篇超越康德主义之形式的论文中的最后说道，尽管康德哲学的内涵仍旧一如既往地立得住，但是在把材料集结为一个连贯且无可辩驳的整体方面，仍有很多工作要做。① 一方面，费希特决定自己肩负起这一任务：他决心使康德理论的不同部分互相协调一致，并且如果可能的话，把宇宙展现为一个单一原则的发展历程。正是因为他下了这样的决心，所以初看之下，他的哲学和康德的哲学之间就存在着巨大的差异，而他们的哲学方法（作为导致这一惊人差异的主要原因）也存在着极大的差异。康德不得不追寻他的原则，并且通过分析一个又一个的经验领域来摸索前进。他耐心地发掘探究，直到揭示出每一种可能性的条件。他当然相信他的三大批判的后果并不互相冲突，但是他没有花大力气去展现它们之间的联系，更没有把它们还原为一个原则的统一体。另一方面，费希特一开始就接受了那些他经过耐心沉思之后相信康德各种考察都始终遵循的原则。因此，他能够省去预备性的分析，并且立即开始综合地发展这些原则。与此同时，如果认为费希特完全——不管是外部还是逻辑上——靠预先地接受康德所做的分析来完成思想的起步，那么就误解了费希特思想的前因后果。正如他竭力要说

---

① *Recension des Aenesidemus*, *Werke*, i. 25. 他用为其哲学奠定基础的著作《论知识学的概念》（*Ueber den Begriff der Wissenschaftslehre*）来详述他的体系理想。

明的那样,这些原则是自明的;然而,只有经历理知世界凭借其原则而被体系化地发展出来的历程,我们才能充分地解释理知的世界。因此,从历史的角度来看,尽管他的这些原则完全地来源于康德,但是他的起点的真理性和体系的充分性却都基于其自身,以至于不需任何来自外部的证明。

从对知觉的分析开始的康德之所以不能够消除二元论,是因为在知觉的行动中,原本独立存在的主体和客体似乎被放到了一起。费希特说得没错,"理性不会欺骗我们";但是哲学必须要解释这种现象的意义,即必须说明它自身是如何可能的。总而言之,要对它进行演绎。康德告诉我们,知觉是一种综合的行动。但是当知觉被如此描述的时候,问题就自然而言地出现了:这是一种关于什么的综合?在康德的理论中,被"给予"的杂多就是用来回答这一"什么"的,并且康德强调,那种要素的在场对于一种综合行动的可能性来说是不可缺少的。这也许是对的,但是说它"被给予"仅仅是说它已经被假定了,因为我们还没有对它做出陈述。但是,如果真的要使哲学忠于她的使命,那么她就必须从一个其可知性绝不受到怀疑的原则中演绎出看似不可知或非理性的东西。所以,费希特正是在康德哲学沉默之处做出了推断。康德有时明说有时暗指感觉来源于对物自体的印象。而在费希特看来,除非康德自己明确作证,否则他绝不会荒唐到相信这是康德自己真实的看法。"倘若他真的做了这样的声明,那我将宁愿把《纯粹理性批判》看作最离奇的偶想的作品,而不是把它看作出自某个聪明人之手的作品。"①根据费希特的说法，严格来说，我们绝对不可能给物自体做出某个关于感觉的哲学解释。我们既没有关于它的实存的直接证据，也不知道在这种情况之下对实存做出预言到底意义为何。事实上，我们已经通过 x 解释了 x；因为物自体仅仅是对我们最初无法解释的东西的复写或反映，它被用来做它自己的原因。哲学不允许用这种方法来解释问题；在这里，我们必须从一个我们立即可以认识到它的实存且这种实存不言自明的原则出发；并且所谓演绎就是证明所有的处于使主要的、无法证明的但与此同时又包含万有的事实得以可能的条件圈(the circle of the conditions)中的概念或事实。用费希特自己的话说，一切事物必须"牢牢地挂在一个单一的圆环中，这个圆环不固定在任何东西之上，而是通过其自身的力量维持自身和整个体系"②。

毫无疑问，这种原则或事实无非康德的统觉的统一(或用更为简单的术语"自我")。在这里费希特找到了他要寻找的"单一圆环"。自我意识是某种我们最终通过实存(并且在这里，实存并不纯然是成问题的)来表现的东西。原则存在于因其实存而被领会的这一行动之中；在一个最为完满且最为真实的意义上说，这里的知识和实存是同一个东西。自我实现的行动本身具有必然性(inevitableness)，而费希特把这种必然性作为第一原则的特殊标志。在一个严格的意义上说，这不是一个事实或实情(Thatsache)，而是一种行为(deed)——一种活动及其后果的同一(事

---

① *Werke*, i. 286. 因为他公开宣布这种荒唐性(参见 *Allgemeine Literaturzeitung*, 1799)，所以在他的继承者眼中康德成为"一个四分之三的人"并且在此后越来越少地提及康德的体系。

② *Werke*, i. 56.

实行动[Thathandlung])。人们总是需要追究实情或客观的事实的原因,但是人们不会需要追究作为一切事实之条件的且本身是无条件的自我意识的原因。人们不会质疑自我意识是因为只要质疑,"我"就不断地应答。事实上,在自我之中,自我创造或自因(causa sui)的观念似乎是自我矛盾的。只有在我们仍旧处于对象或事物的层面上时,矛盾才会存在。正如康德所描述的那样,只要我们甚至把上帝都看作外在于我们(自我意识之外)的一个对象,人类理性就不能认识到上帝的实存何以是绝对必然的。"我们不能容忍这种思想,即有一个我们设想为一切可能的存在者中最高的存在者,仿佛在自己对自己说:'我从永恒到永恒;在我之外除了单凭我的意志而是某物的东西无法存在;但我又是由何而来的?'"[1]我们不能容忍这种思想,因为这样会使我们变得像孩子那样幼稚地问问题:"谁造了上帝?"上帝会被降格到物的层面,而在物的层面上,因果律就必须要求为原因寻找原因。[2]但是,在(费希特称为)绝对论(Absolute Thesis)中,康德所抱怨的不能容忍的事情消失了,因为在绝对论那里,自我意识的统一性确证了自我是理知之实存的必要前提。

  通过费希特所做的极为清晰和有力的叙述,我们得以看到哲学学说之间的极端对立。[3]他强调,一切的体系都可以依照接受还是不接受这一基本原则而分为两类。但凡一个体系认识到

---

[1] Kant, *Werke*, iii. 477.
[2] 正如迈蒙所说,没有什么比希望通过因果性来证明一个没有原因的存在的实存这件事更为荒唐的了。
[3] 特别参见 *Werke*, i. 419-449(《知识学第一导论》[*Erste Einleitung in die Wissenschaftslehre*])以及 i. 119-223(《全部知识学的基础》[*Grundlage*],第一部分末尾)。

自我是独一无二的，且把自我当作解释事物的原则，那么我们就可以称之为观念论的体系；但凡一个体系从事物的实存出发，且把自我当作与其他事物一样的东西并把自我解释为其他事物之产物，那么这就是独断论的体系。费希特认为，一切哲学思想之间的差异，无非都基于这种独断论与观念论之间的对立，并且他极具个人特色地把思辨上的差异看作性格的差异。"人一旦只被某种事物造就，便绝不会以另一种方式看待自己；并且他只能正确地讨论他自己和他的同伴……人们将选择哪一种哲学，这要看他是哪一种人，因为哲学体系不是人们可以随意放下或拿起的一种死板工具，而是由掌握这种体系的人的灵魂赋予生命的。"

当独断论把假设事物自体的实存作为起始点时，首先需要说明的就是，物自体并不是一个可以在经验中得到证实的原则；因为意识仅仅证明了事物是为了它而实存的。物自体因此不过是"一种期待因体系的胜利而得到实现的虚构"。如果独断论不能对经验做出一种理知的陈述，那么它所做出的独立实存的虚构就可能会因毫无根据而被摒弃。人们很快会看到，独断论建构必然失败。通过把物的层面选择为活动的基础，独断论发现自己被严格地限制在那个世界之中。它可以使得事物对事物的机械行动变得可知，但是它并不能从事物过渡到对事物的意识。可以说，事物构成一个关于因与果的单一或简单的系列；但是，理智依照其本性而言是一个由关于自身的知识与自为的存在构成的双重系列。因此这就导致了，理智与事物处于两个没有互通桥梁的世界之中。简单系列的因果性只在那样的系列之中行动；事物是事物的原因，而不是关于某物的理念的原因。正如费希特所说，每一种弥合现实与理想之间巨大鸿沟的尝试都不过是"一些空洞的话；人们确实可以通过死记硬背而学着一再说这些空话，但是从未向任何人传达某种思想，且绝不会传达出某种思想"。因此，它仍旧是在用观念论的原则来碰运气，且把自我意识的行为或事实作为我们的起始点。正如费希特从未尝试告诉我们的那样，哲学开始于自由的一种行动之中。第一原则并不是一个命题，而是一个几何学意义上的预设——一种让人进行某种活动的需求。"思考你自己，建构你自己的观念，并且记录下你是如何做到的。"在这种行动中我们所拥有的关于我们自己的直接意识是费希特称为智性直观或知觉的东西。人们对这种说法有很多的误解，但是它所指的事实其实没有什么神秘的。智性直观只不过是伴随着一切我们的意识的关于自我的知觉——正如费希特所说，如果没有它，那么我们就动不了手也动不了脚，上不了床也上不了船。对于费希特来说，康德的统觉的统一性（自我意识的观念）正如我们所看到的那样，构成"一切哲学的坚实基础"。

但是我们必须不把自我意识或理智视为具有观念的事物、单位、心灵；因为在那种情况之下，在理智的本性与其经验的形式之间不存在至关重要的联系。可以说，理智被降格为一个任由观念来去的舞台，它的各种观念不是其自身的有机产物，它们仅仅是改头换面却本质不变的独断论的"事物"。这样一种观念论（费希特把贝克莱主义作为例子）仍旧站在独断论的立场上，而这与我们是否谈论观念或事物没有关系。世界仍旧被看作一个各种单位依据机械论而联系在一起的系列,而且正如我们不能解释如何过渡到关于事物的意识一样,我们也无法解释如何过渡到关于观念的意识。"观念"这个语意模糊的术语使得它看起来与我们原本设想的不一样。如果观念论做到了独断论所不能做到的事情,那么我们必须以不同的方式去工作。我们已经看到,理智并不是事物,而是行为,是我们可以在任何时候都加以重复的行为(因此,它的本性肯定可以被知道)。这是一种受到确定的法则规定的行为,并且我们要做的事情就是发现这些法则。正如理智一样,理智的本性也一定要被分析出来;鉴于独断论并不能够把理智溯源到单纯客观的东西之上,所以我们必须能够说明,对象以及一般经验是可以从理智的必要条件中演绎出来的。唯有对经验做穷根究底的演绎才能够证明我们的原则是否充分;因为,用费希特的话说,只要我们没有把整个"事物"呈现在思维者的眼前,那么就没有完全断绝独断论的危险。现在,费希特很好地把经验定义为"伴随以必然性之感觉的观念体系"。很明显,这种必然性或确定的规定性对于我们的经验观念来说非常关键,并且需要我们给予解释。事实上,有细微不同的是,费希特决定以一种理知的方式把康德所谓的"被给予"的要素与体系的其他部分联系起来。[①] 普通的独断论观念论要么忽视了经验的这种特性,要么就像贝克莱那样,用它来指涉纯然等同于物自体的上帝的意志。但是,在知识学中,

---

[①] 康德曾经把先验对象描绘为"防止我们的知识是碰运气的和任意的东西,向他们传达出明确的先验决定论观念"(dasjenige... was dawider ist, dass unsere Erkenntnisse nicht aufs Gerathewohl oder beliebig, sondern *à priori* auf gewisse Weise bestimmt seien)。*Deduction of Categories*, First Edition. Werke, iii. 570.

它必须被看作包含在理智观念之中。

因此,《全部知识学的基础》一开始就提出了理智的条件,而我们很快地发现,如若不通过一个非我或某些不是自我的东西作为对立面,那么对于绝对论或自我对其自身的实存的肯定似乎就会变得不可能。在理智之中自我和非我的对立,或者用费希特的话来说,在绝对的自我中设定一个可分隔的非我与一个可分隔的自我对立,是理智自身之可能性的必要条件。换句话说,自我意识的本性决定了主体和客体之间的区分;但正是因为这个原因,鉴于客体仅仅是为了主体而被设定的,所以它们之间的区分就不是绝对的。费希特竭力说明,理智的本质就在于同时对自我和非我做出它在第三原则中所演绎的限制。正是因为它,自我与非我都是某种东西(Beide sind etwas);如果没有它,那么不管质的区分还是理智都不会存在;所有的东西都会是纯粹的无,因为只有在反对其他某物的时候,肯定才是可能的。因此,正题或我们一开始在做的自我思维的行动只不过是在抽象地表现使理智得以存在的对立面之综合。事实上,正题和反题并不是互相分隔的行动,而是一个可分割的行动环节。甚至行动(act)或行为(action)这些词都是引人误解的,因为正如费希特所要努力解释的那样,他并非要叙述那些在任何时候都在发生的事情,他并不是要塞给我们一套天体演化学或他自嘲地称为关于未出生之人的传记的那些东西。世界是实存的,(作为其最后之表达的)意识也是实存的;这种现实的("绝对的现成事物")哲学不得不对其最终的构成性表达进行分析。在对这种分析之后果综合地呈现出来之后,我们看到的也许是某种对宇宙的原初建构,而费希特的陈述模式有时会因为其重要的缺陷而显得非常吃力。但是不要忘记,他试图在我们面前详细说明的只不过是理智或自我意识的观念或者逻辑本性。理智所包含的区分是其实存的条件或法则;在阐明时,它们只不过是短暂地分隔开来,而哲学家要进行抽象活动就避免不了要做这样的分隔。①

因此,非我或事物被演绎为自我所设定的、对于理智来说必不可少的限制。在拿费希特与他称为的独断论者做比较时,尤其需要关注这一点。他的自我和非我并不是(以莫名其妙地被结合在知觉中的方式)被协调在一起的两个现实事物;正如他所说,一切的现实事物都存在于意识之中。根据费希特的说法,这是批判哲学的本质。"一方面,批判的哲学确立了一个绝对无条件且不能由更高的东西规定的绝对自我……另一方面,一切哲学都是独断的,因为它把某物等同于自我自身(Ego-in-itself),并且把其中一个放诸另一个之上。这发生在所谓关于更高级的事物(Ens)观念中,后者又完全武断地被确立为最高级的观念。在批判的体系里,事物是在自我之中设定起来的东西。因此,批判论是内在的,因为它把一切都置于自我以内;独断论是超验的,因为它还要过渡到超出自我的地方。"②或者,正如费希特

---

① Werke, ii. 398 - 399.
② Werke, i. 119 - 120. 这里的对立就是之前指出的独断论与观念论之间的对立,因为对于费希特来说,"完成了的批判论"与知识学的观念论是同一个东西。值得注意的是,在接下来的一段话中,斯宾诺莎被单独挑出来作为独断论的典范因而成为知识学的直接对立面;然而在"第一导论"中,前后一贯的独断论被拿来与唯物论相提并论。公平地说,斯宾诺莎主义不能被诠释为唯物论;但是它的前后不一则是显而 (转下页)

在别的地方所说的那样:"一般的先验观念论以及具体的知识学的本质在于,存在的观念绝不被看作最初和本原的观念,而只是被看作演绎出来的观念。"行为是哲学家起始之处,而在自我的必要行动之中,行为是某种看起来存在且必须看起来存在的东西。在(被哲学充分证成的)经验实在论的立场上看,这种存在必须仍旧是一个由事物构成的独立世界;但是,在哲学的或先验的立场上看,它就仍然被仅仅看作自我的必要行为。①

在这里,我们确实有必要留意我们到哪儿了。独断论没有成功地解释知识的可能性,因为它把客体看作一种绝对的或超验的事物。然而,一个客体或非我的实存对于理智观念来说绝对是极为重要的(这确实也已经被证明了)。因此,这种失败告诉我们,如果知识要实存,那么就必须不能在一开始就把自我与非我分隔开来;正如它名字所指出的那样,在严格的意义上,非我必须是自我的他者或自我的否定,仅仅为了自我而存在。自我必须通过其自身的行动来假设知识的每一个实例都体现了的、被"他者"明显规定了的立场。到目前为止,我们已经理解

(接上页)易见的。但是不管在哪里,费希特所强调的独断论的本质特征都在于,它把自我看作——用他自己的话说——"世界的一个偶然事物";并且只要人们不是在理智中而是在某种超验的实体中找寻世界的统一性,那么相对来说,我们就没有太多必要去深究描述实体的词了。亚当森(Adamson)教授很好地说出了差异的实质。他说对于独断论来说,"自我似乎是在全部事物的总和之中的一个被机械论规定的单元"(*Fichte*, p. 127, "Philosophical Classics")。亚当森教授清晰地指出,交互性或互相受机械论的规定是独断论的基本范畴,而这一洞见实在是富有教益的。正是因为这种范畴被全面运用,所以也就会自然地出现一个与宿命论不能区别开来的、完整的规定的体系。正如费希特所说:"每一个前后一贯的独断论者都必然是一个宿命论者。"我想借此机会感谢亚当森教授这本令人敬佩的小书对我的帮助,因为它使我能更多地理解费希特思想的内在关联。

① 参见 *Werke*, i. 498 - 499。

了这一点；但是自我的本质属性及其原初行动的原因，还没有得到解释。自我如何能够把一个非我拿来对立，并且限制其自身的活动呢？很明显，如果知识学不止对知识的本性做一贯形式分析，那么就必须要回答这个问题。理论的知识学无非是这一种形式分析：它处理主体与客体在知识中的关系；通过发展那种关系所假设的形式，根据人们看它的不同角度，以成体系的方式演绎出类似交互性、因果性、实体性这样的范畴。但是它在讨论关系的本性以及思维它的模式时，却完全没有提及与之相关的东西是否现实实存。费希特说，主体和客体之间的对立是"没有任何实在性的纯思维——我们的意识没有被填满，并且在其之中没有任何东西在场"①。之前已经说明了关系中的两极如何可能实存且具有实在性，费希特问的是，整个的关系的基础是什么？理论的知识学不能够告诉我们，因为自我与非我之间的对立和互相限制是一开始做出的预设。我们很容易看到，这个回答会构成它声称要阐明的体系和宇宙的最终基础。从费希特说明这个问题的方法来看，对于他来说同样很明显的是，知识并不构成最初的实在性。他在另外一个地方说："一切知识都只是表象或映像，而总是需要有某种同图像相应的东西。可是没有一种知识能满足这一要求；因为知识体系必然是单纯映像的体系，它没有任何实在性，也没有任何意义与目的（Zweck）。"②但是如果因此知识与实在性相对，那么在费希特眼中，什么是具有实在性、意义和价值的东西呢？根据上文的说

---

① Werke, i. 224.
② Werke, ii. 246.

明，如果知识仅仅是一种关系，那么依其本性，到底什么是"置身于关系中的东西"呢？实在性的关键必定在于它，或者说关键在于费希特所谓整个关系的基础，后者从它自身的统一性中创造出构成知识之基本形式的对立面。

在这一章的稍前部分，我已经对一种原初统一的必然性做出充分的阐述，我也已经阐述过，我们只能在自我中追寻这种统一。我们不可能只从自我之中进行抽象，我们只能说，这种统一是通过正题的一种不可避免的行为而实存的。费希特最早用绝对自我的名字来称呼这种统一，并且费希特也把它与"作为理智的自我"（在知识中和与之相反的非我共存的自我）区别开来。绝对自我是体系的基础；但是到目前为止，我们还看不到在绝对的自我本身中，非我有任何限制。如果不提及康德的理论，那么我们就不能正确地理解费希特是如何看待绝对自我之本性的，以及他是如何用它的活动来建构世界的。

费希特将其行动的自我的"智性直观"等同于康德所说的先验统一。但是只要自我被认作知识的自我，我们就还没有探明实在性的源头。费希特当然把康德的自我意识的统一性提升为绝对自我，但是他并没有在《纯粹理性批判》中发现这种提升的基础。康德简单地把自我意识看作一切人类知识都必须诉诸的统一性；而对于费希特来说，自我是把一切（不管在实存中还是在知识中）都归于其下的统一性。之所以要做这种变动，是因为费希特感觉到，他必须要统一康德所谓的理论理性和实践理性的概念。人们有一个不尽公正的看法：费希特的哲学成就无非发现了《纯粹理性批判》和《实践理性批判》之间的统一性。康德通常会区分知识的事实和道德的事实：前者是在统觉的统一性中所发现的事实的至上条件；后者是在绝对命令中所发现的至上条件。但是至上的统一性与理论命令的来源之间的关系仍旧不清晰，而两个领域之间的有机联系也还没有被得出。但是，用康德在《道德形而上学奠基》前言中的话说，在两个领域之中"毕竟是同一个原因在起作用，只是应用方式不同"；并且在那里，人们希望演证思辨理性与实践理性统一于共同的原则之下，以此完成对纯粹实践理性的完整批判。① 尽管康德做出了两种研究之间的区分，但是我们仍旧可以在许多地方看到，实践理性是康德理论探究所要朝向的目标。在辩证论中，他表达了自己对形而上学传统问题的态度；而我们发现他在那里（就像在心理学、宇宙学和神学中那样）通过指向道德的理性来解决矛盾，并对所有事物做出了更为完整因而更为真实的叙述。科学家和许多其他自称康德主义者的人通常都会认可《纯粹理性批判》的探究足够深刻，而把康德的道德体系仅仅看作长在后者身上的一个赘疣。② 但是对于康德来说，毫无疑问这两个部分中的任何一个都是对方的必要补充。虽然，在来到实践理性之后，他从没有回过头来把他之前的成果和他之后的成果协调起来，但是这

---

① Kant, *Werke*, iv. 239. 进一步地，当康德在谈论道德演绎推理的时候，他说"这样的比较"（道德规定的过程可能以演绎推理的方式显现出来）"有理由引起期望，即也许有朝一日能够一直达到对整个纯粹的理性能力（无论是理论的还是实践的理性能力）的统一性的洞识，并从一个原则中引申出一切；这是人类理性不可避免的需要，人类理性唯有在其知识的一种完备的系统统一中才能得到完全的满足"，参见 *Werke*, v. 95。

② 在海涅诙谐的描述之下，康德之所以会复活自然神论的尸体，是因为他可怜的老男仆，也是因为他害怕警察——他称之为悲剧之后的闹剧。而这种诙谐的描述刚好是对几十年后的当下信仰的戏仿。参见 Heine's *Sammtliche Werke*, v. 204 - 205（《论德国宗教和哲学的历史》[*Zur Geschichte der Religion and Philosophie in Deutschland*]）。

两者之间的联系对他来说是足够清楚的,并且他本来会是第一个拒斥《纯粹理性批判》的,因为它的宇宙理论完全不合格。无论如何,一切像朗格(Lange)在他的《唯物主义史》中的那种立场(把实践理性的形而上学预设仅仅看作诗性想象的产物)都是一种对康德思想的过于肤浅的评估。当然,我们都知道,我们不能接受康德的机械论和自然神论的预设,但是我们必定不能通过砍掉烦人的部分来解决难题。体系是一个整体,并且如果它不能依照现存的方式被接受,那么它就必须从内部进行重建,使这些预设或理念失去其附属品的特征,并使之转化为理论领域和实践领域中的经验的内在原则——而这正是费希特所要做的事情。

与刚被摒弃的、关于两个《批判》之间关系的观点相反的是,康德的精神其实更想要说,他在伦理学中发现了对世界的终极解释。在《纯粹理性批判》中,"本体"这个词变成了不可理解的物自体,而在《实践理性批判》中,这个词被专门用于表达义务意识将我们导向的、理知的伦理目的的世界。感官世界的现象性并不处于与背后的、不可认知的事物的关系之中,而是处于与关于内部的、义务的世界的关系之中;因此,义务看起来就像真正的本体且在某种程度上是其他事物的最终原因。① 康德在第二批判的序言中说,因实践理性的必然法则而得到演证的自由理念"构成了纯粹理性——不管是思辨的理性还是实践的理性——体系的整个大厦的拱顶石"。从这个立场来看,他的全部

---

① 一个人如何辨别理念、本体和最终因,规定了他的全部哲学态度是什么样的。一般而言,这意味着只有在事物的 τέλος(即它们的形式的完善)之中,而不是在它们的原始和无形式的时间起点上,才能找到对事物的"解释"。

辛勤探究就是朝向这个概念发展的进程，好像只有在其中他才能解答世界的谜题那样。这正是费希特思想的出发点，而正是在这一基础之上，他才进行了体系的重构①。从他的书信中，我们可以得知，费希特在进入道德自由的遗产时是带着多么崇高的喜悦之情，而长期以来他都以为他的哲学体系使他与这份遗产无缘。康德理论的伦理侧面当然最能打动他，因为他认为，他内心深处的个性一定反映在实践自我(practical Ego)的、决定一切事物的活动之中。康德伦理学的爽朗空气为他的生命注入了新的活力。

康德通过意志的自律原则最早地给绝对命令赋予了普遍的和不容否认的权威。我们只有在这里，而不是在任何受他律的或物质的决定因素之中，才可以找到义务的基础；康德称之为"道德的唯一原则"②。我们是自我立法的，并且我们不能违背我们自己设定的法律。法律"产生于我们作为理智的意志，从而产生于我们的真实的或真正的自我"③；以合理性为内容的意志必须被认作真正的自我的法则——不仅阐明这一意志的人必须这么看，而且每一个理性的存在都必须这么看。费希特在看到这样的表述时，就很想研究这个"真正的"和普遍立法的自我。他不需要超越康德的用语就可以主张，绝对的和普遍的义务是法则的来源。个人是这种自我的载体，而这种自我一天又一天地逐渐使个人扛起实现法则的义务。这种自我与知识世界之间的联系是下一个需要更加精确规定的要点；在这里，康德所渴

---

① 即本体。——译者
② Kant, *Werke*, iv. 288.
③ Kant, *Werke*, iv. 308.

望的是使思辨理性与实践理性和谐共处于一个共同的原则之下,而对于费希特说,这种和谐只不过是从另一个到一个的演绎。这两者最为基本的功能是什么?对此他心中从未有过犹疑。我们已经看到,费希特把自由和行动(而不是理智)描绘为自我的本性。他把自我意识的实在性信念完全奠基于道德律在我们心中的呈现之上,即奠基于对道德命运的直接感觉之上。"只有通过这种道德法则的中介,我才能认识到我自己。"①因此,费希特也与康德一样,赋予实践理性至高无上地位,只不过他采取的方式相比较而言更为彻底和独特。实践的自我的行动成为解释理知世界之实存的唯一原则。

但是正如我们所知,道德是争斗,是努力;用一种可以引起更多联想的话说,实践是对障碍的不断克服。作为外在事物的自我正是这些障碍。当然,障碍并不是自我的本性;因为自我的本义是绝对的自我定位,在道德授权做绝对的自我规定时,它就重新出现了。于是,困扰和阻碍自我行动的障碍从哪里来呢?或者,既然自我所经验到的对立面可能被概括为非我,那么自我怎么能够找到一个与之对立的非我呢?在这里,我们终于看到了费希特准备为康德的"被给予"的要素做出的解释。不用说,费希特并不是想低估对立面之实在性:为克服它而进行的斗争是艰苦卓绝的,甚至是激烈的,而这足以证明它不是虚假的或讨人喜欢的妄想。但是在康德看来有必要为之请出物自

---

① Nur durch dieses Medium des Sittengesetzes erkenne ich mich, *Werke*, i. 466. 在那里,理智直观的"对实在性的信念"被置于这种基础之上。也参见《人的使命》(*Bestimmung des Menschen*, *Werke*, ii, 244 et seq.)。在那里,自我意识作为过往状态的一个短暂反射,简单地依赖于对伦理意识的"信念"或"直接感觉"。

体的东西,则被费希特演绎为某种道德意识的必要性。如果没有对立面,那么自我可能就没有可以于其之上进行活动的对象;没有努力,没有意识,就不会有道德生活。非我以及由此产生的意识的二元性被绝对自我设立为实现其实践的自身实存的手段。但是,当研究这个过程是"如何的"时,我们也许就难以避免要面对许多困难。自我的纯粹活动仅仅是自我定位,或者用费希特的话说,一个回归自身的活动。但是,严格来说,我们可以用隐喻把它描述为"一个数学上自我建构的点,我们无法在其中分辨出任何方向,事实上也无法分辨出任何东西"。但是通过反思,我们可以在这样一个自我中区分出离心和向心的方向;事实上,回归自身的本质的向心运动预设了使回归得以可能的离心的活动方向。费希特说:"当自我在反思时,其活动方向是向心的;当它是被反思的东西时,其活动方向则是离心的,并且其方向是无穷的。"但是在一个绝对地统合两个方向的自我之中,并不存在主体和客体之间的区分,因此也就不会有自我意识。① 一旦自我是"一切的一切",那么"正是因为这个原因,所以它就什么也不是"。但是如果自我的外向活动在某些时候受到了一记打击(shock)或阻碍(Anstoss),那么它就会被驱赶回它自身;它的无限性就不再会被实现,而只会保持为潜能——它只会是一个有待实现的理念、义务、使命(Aufgabe)。在被阻碍之后,自我可以被说成作为一个包含了反努力(counter-striving)观念的无限的努力(Streben)而现实地(realiter)实存。

---

① 费希特把这运用到上帝的自我意识之中,或者,正如他在其他地方所说的那样,运用到"神性的不可思维的理念"(i.254)之中。他说,在这样一个理念之中区分意识与其对象的不可能性使其"对于一切有限理性来说都是不可解释和不可理解的"。

费希特认为，这种对立之本性的阻碍或打击是非我或人类意识之有限性造成的。他说，自我绝不能演绎出作为事实而发生的东西；但是可以肯定的是，如果一个现实的意识是可能的话，那么它必定发生。对于有限的精神来说，受阻碍的活动呈现出感觉（feeling）的样子，而当有限的精神开始反思的时候，这种感觉必然会指涉外在对象的因果关系。我们可以精确地追溯"原初感觉"为了经验自我而被转换成事物的世界的这整个反思过程。感觉的要素及其后果构成有限性的本质；而根据费希特的说法，对这种原初感觉的忽视通向"一种没有基础的先验观念论和一种不完整的哲学，这种先验观念论和哲学不能解释关于对象的纯然可感的谓词"。只有在这种原初的感觉中，实在性（不管是自我的还是非我的实在性）才作为一个事实而被给予我；尽管我可以演绎作为自我意识的可能性条件的一般限制，但是我绝对不能演绎以这种个体的我的实存为主的独特限制。这么做无异于消灭我自己的实存。与此同时，从思辨的立场来看，我能认识到，只有通过参照有限的自我本身才能解释明显与之相对的实在性的实存；它"为了它而作为一个必然的本体"实存。根据费希特的说法，这是有限的精神被包围其中的圈子，即一个其边界可能被无限扩展但永远不会被突破的圈子。[①]

这就是费希特著名的、作为感官刺激中的限制之起源的阻碍理论。正如我们所见的，这种阻碍理论是一种通往自我意识和道德能力之实存的必要手段，除此之外我们就不能用任何其

[①] 通过叙述这种难解的且在某种意义上十分纠结的思辨，我已经努力把他的言论更有条理地表述出来，从而比一般人更加贴近费希特自己陈述的方式。这两段的引文来自《基础》的实践部分及第二个导论（*Werke*, i. 246-328, 453-518）。

他方式演绎。在一个严格的意义上,这更是一种表达限制之事实的隐喻的方式,而不是一种解释。但是,因为我们与此同时采用了这种理论而不做进一步的评论,所以我们得以看到费希特所谓的"实践的"观念论的轮廓。他说:"我们的观念论并不是独断论的而是实践的,也就是说,它并不规定什么东西存在,而是规定什么东西应该存在。"①"如果说知识学终归需要一门形而上学作为关于自在之物的臆想的科学,而这样一门科学应该由知识学的要求而成立,那么知识学就不能不将这个任务交给它自己的实践部分来承担。正如事实越来越清楚表明的那样,知识学的实践部分谈论的唯一问题是一个原始实在性的问题。而且,如果有人问知识学'自在之物是怎样一些东西'的话,那么它没有别的话可说,只能回答:'它们就像我们应该使之成为的东西那样'。"②因此,"原始实在性"并不是某种庸俗意义上实存的东西,它是一项任务、一种义务、一个理想。这很好地呈现了体系的基础,但是很明显,它需要略微重申绝对自我的本性,而后者形成了我们明显的起始点。我们已经发现,在绝对自我中不存在自我意识,实际上根本也不存在可以区分的东西。伴随着实在性的,是它的对立面以及作为其后果的努力。应该注意的是,在进行努力的不是绝对者,而是实践的和受到限制的自我;除非我们笼统地把一个"唯有在未来的关系中"才为真的主张用在绝对自我之上(在自我应当已经被限定之后),否则绝对自我的努力遇到的阻碍就不会导致非我的产生。我们不能

---

① *Werke*, i. 156.
② *Werke*, i. 286. "So wie wir sie machen sollen."

对绝对自我本身做出主张,也就是说,不能对被视为有限自我之原因的东西做出主张。批评家不得不说,这根本不是一个自我;并且谓词的绝对贫乏(absolute barrenness)使我们无法真正分别,哪个命题是对其所谓实存的主张,哪个命题是对其的否定。只要绝对自我被看作分离的事实且在某种程度上是有限之理智的先天原因,那么这种批评就会是有力的。这本身是对这些理智的单纯抽象;"这是一切,"费希特说,"且这是无。"但是他的阐明已经让他能够更为真实地呈现绝对者和有限的自我之间的关系。我们没有必要把绝对自我从作为证明我们实在的唯一证据的努力意识中隔绝出来。在这种意识中,它被呈现为"我们绝对实存的理念"①,并且严格地说,构成整个斗争的动机和驱动力。"自我要求,它应当包含一切实在性,且充满无限。这个要求必然地以绝对设定的、无限的自我的理念为根据,而这个无限自我的理念就是我们谈到过的那个绝对自我。"②在这个意义上,毫无疑问,绝对自我可以被说成现象的基础或第一因;但是,自我并不作为事实的自我,而只作为要被实现的观念的"自我的理念"。回到费希特的说法,他的观念论并不教我们什么存在,而是什么将要存在。理念是一种永恒的"你应当"(Thou shalt/Sollen),位于人类实存之根基,促使着人继续去完成一项永不休止的使命。只有在自我把一切事物都统摄于自身之中,且能够把它们看作其自身实存的规定时,我们才能说这项使命被完成了。但是依照理念本性而言,它是不可实现的,因为一

---

① *Werke*, i. 278. "Urspriingliche Idee unseres absoluten Scins."
② *Werke*, i. 277.

且它完全实现了，它所蕴含的对立面就消除了，那么使意识和道德得以可能的冲突就中止了。

因此，费希特思想的两个极端是他作为发端的"纯粹的自我"和他高举为我们向之奋斗的理想的自我理念或"作为理智的自我"。在这些极端之间，自我是实践的，并且对于费希特来说，它的实践活动把世界的实在性表象了出来。在《知识学》第二导论的结尾部分，费希特严格且富有教益地区分了他思想的这两极。① 只有"自我性的形式"存在于前者（作为智性知觉的自我）之中；后者（他在这里把它称为作为理念的自我）把"自我性的完整内容"归于一个被认为完全理性的世界的形状之中。他继续指出，后者只是理念，且不会是现实的。摆在我们面前的是一个无限接近的过程；事实上，正如他在其他地方所说的那样，正是因为这是不可能完成的，所以它才构成我们对不朽的信念的基础。我认为，费希特早期和晚期哲学之间的区别，以及他自己与黑格尔之间的区别，很大程度上就体现在他对这个理念的态度。换句话说，区别体现在他早期观念论所独有的实践特性。一种单纯实践的观念论只从一个侧面看待事物，即从日常生活和奋斗成长的侧面看待事物。当然，正如费希特所说，理念不会在被任何个人的自我实现的意义上成为现实。但是，如果要把这种实践的立场作为一个思辨问题的解决方式提出来，那么就忽视了两个领域之间的根本区别。只有在涉及实践的时候，理念向未来的投射才具有意义。从形而上学的角度来说，或在任何整全的理念中，思考时间问题是没有意义的。发展的

---

① *Werke*, i. 515–516.

任何阶段都包含了正在被发展的完美形式或理念，而使理念落后于它的形式就会完全颠倒思辨的观点。因此，"实存"或理念的实在性的问题在一定程度上变得无关紧要了。我们从来不能把手放在它上面，说"在这里它被实现了"。原因很简单，只有特定部分（可控的小部分）的经验才可以被如此对待。相反，理念是经验的完善的或完整的形式本身；这只不过是被思维出来的经验观念。于是，从实践的角度来看，宇宙可以被视作一个理念被断断续续地且逐渐地实现的过程；但从思辨的角度来看，一切过程的原因都必须呈现"在时间的瞬间中"——必定会被明确地中断。要完整地看待经验，就必须同时考量这两个侧面，而如果把其中一个侧面说成实在的而把另一个说成单纯理念性的，那就太荒唐了。理念是最终的公式，它求解的是整个经验过程都在寻求其解决方案的难题。除非参照整全的理念，否则经验的任何部分都得不到（彻底和完整的）解释，而这一事实充分地证明了理念的实在性；这恰恰是一切事物都不具备的东西。再者，正如费希特想要告诉我们的，他所说的理念并不是一种主观的或任意的创造：它是一个必然的理念，它作为理智存在位于我们实存的根基之上。正如我们所看到的那样，理念踏上了征途，激励着自身的追求。于此，何者是最为实在的东西——理念还是它所创造的东西？

如我已经简述过的，正是因为费希特赋予了行为和道德独特的价值，所以才会使他对理念有如此的态度，并且我们在其上可以看到费希特本人的明显特征。他最喜欢说，有怎么样的人就有怎么样的哲学，而他自己就最好地验证了这种说法：他赋予实践领域以高于理论领域的至高无上之地位；把实践领域——最终意义上把宇宙——表象为一个永恒的应当或一种对从未但应该存在的东西的追求；费希特毕生不懈追求的思辨之功莫过于此。在这两者之中都存在着道德紧张的拉锯，但是不得不说，从这思辨之功中，我们也可以看到原初之物在本质上是多么片面。我们从中看不到亚里士多德所说的那种只有神才具有的、为了知识而知识的理论喜悦，对艺术的绝对满足以及和平与宗教的和解。而在彻底地考虑了行为的重要性之后，我们就不得不承认单纯理论是不够的：我们不可能以这种方式使实存依赖于某种还未实存且根本不会实存的东西。

　　费希特正是认识到了这一点，所以才决心改变他的体系。我们不需要具体地思考那个改变；大体上，我们只要说，对宗教意识所做的一个更深层次的分析导致了这种变化。简单地说，宗教已经等同于"令人愉快的正确的行为"，但是愉悦的来源，或者换句话说，道德的与宗教的意识的差异，已经多少被轻轻地忽略了。他在耶拿所卷入的神学争议使他开始思考一些新的东西；而当他去柏林之后享有相对宁静的时候，他便潜心于尝试从他的哲学中提炼出一种合宜的宗教理论。他之所以要做这样的改变，可能也是因为他想让他的哲学变得流行，且使其能够通过用当时常用的语言表达自己从而达到布道的目的。从根本上说，费希特哲学的本质就在于布道：如果哲学概念不可以让更为广阔的世界接受且使时代精神变得年轻，那么在他的眼中，这些哲学概念相对而言就是没有价值的。但是他所做的改变不仅是把自己的哲学翻译为流行的话语，而且从我们当下的眼光来看，他的哲学的新立足点在于道德现在仅仅被看作通往宗教和科学（最优秀的科学[Wissenschaft par excelence]或"完整的真理"）道路上的一个阶段。[①] 宗教或"极乐生活"是这样一种生活，它基于某种总是在未来越来越逼近道德状态的意识（这种意识已经存在且被意识到）。根据费希特的说法，具有宗教情怀的人是那些意识到他自己与万物之源相统一的人，因此他在能成就任何事物的神圣意志中发现了他自身的意志，并且因为这种意志不可能无法实现，所以"对于他来说劳作和努力都不复存在"。反思理解力把统一性播撒到多种多样的东西中且把永恒播撒到时间中，因此它必然使得神圣稳步地在世界中实现，但同时这种实现没有完全达成。因此，他仍旧可以说为了人类及其未来而劳作和希望（在这个方面，在他内心中的神圣意识只是加剧了他的活动）；但是过程已经超出他自己人生中的信念或努力的阶段。"他让上帝永远在场，即活在他自身之中。"也就是说，个体并不是最先存在的东西，而目的不是某种程度上外在于人们且被追求的。目的是先于个体的，且通过后者把自身实现出来，其间不以个体的意志为转移。为目的而设定的力量推动着它的实现；或者相反，从绝对的观点来看，在力量被设定的过程中，目的已经被实现了。宗教可以把目的表达为上帝的意志，借由它个体之间得以协调一致。正是因为他们生活在这种自我实现的意志中，所以他们是"极乐的"。但是，为了更加完善，宗教一定被知识所启蒙。一切的最高阶段是"科学"，由此我们得到一种理论，依据其说法，宗教无非内在生活的一个事实。

---

① *Werke*, v. 542（"Anwcisung zum seligen Leben"）.

"科学"理解且懂得一切低级的阶段(如感官、法律、道德和宗教),它以人们可以理解的方式叙述了神圣统一与其在一个有限理知世界中的显现之间的关系,并且相应地把这种说法说成"完整的真理"。

不用说,这种立场与黑格尔对宗教的说法极为类似,也与黑格尔对宗教与"绝对知识"之间关系的说法极为类似。但是费希特的后期哲学中还有另一面与黑格尔的观念论是如此不同,以至于很多人由此把他的这个层面的思辨看作一种以神秘的方式表达出来的斯宾诺莎主义。正如我们所见的那样,上帝现在已经同时是原因和目标,并且作为原因,他自身就是完美的。我们不再把"神的理念"作为某种无法实现的甚至思维不到的东西而加以回避;现在我们听到了"上帝"的声音,并且他被看作实在性的来源。但正是因为上帝是原因或来源,所以他被拿来重新和他的显现区隔开来,并且实际上成为某种超越的东西,成为一种根本上并不致力于揭示知识而是要隐藏知识的"存在"。因此,这种批评指向一个新的弱点,并且如果我们回看知识学的学说,那么我想我们会发现,这个弱点从一开始就已经包含于费希特的思想之中了。

我们已经注意到费希特为解释自我意识的起源所付出的艰辛努力。其中费希特最着力于阻碍的理论(the theory of the Anstoss)。之所以这种理论看起来具有合理性或可理解性,就在于其把绝对自我当作先于自我意识和主客体区分的东西。但是,正如我在之前已经指出的那样,把这种前提(prius)说成一个自我就太荒唐了;费希特承认,绝对自我是无谓词的,而他用于描述其行动的话自然也未免盲目。如果说，在耶拿时期的著作中费希特就已经把绝对自我看作有限的具有理智之物的先天原因，以至于有限的理智派生自绝对自我，那么就太夸张了。但是，他必定用并不完善的方式区分了自我意识目的论解释和机械论解释。目的论解释把自我意识作为最终事实加以接受，并且对其必然条件做出解释（分析其本性）；而机械论解释则非要把自我意识看作从先天要素中产生出来的东西不可。费希特在这两者之间摇摆，并且我认为，他常常强调他的解释是在后一种意义上的一种实在建构。当他清晰地把这个想法说出来的时候，他自己又否决了这个想法，但是尽管如此，这个想法仍旧长久地萦绕在他的脑中，并且把他整个言说的方法都着上了这个想法的颜色。其思想随后的发展证实了这一点：在不算广为人知的《人的使命》（1800）一书中，他用一种非常成问题的说法谈到了绝对自我，即把绝对自我称作"既不是主体，也不是客体，而是为两者奠定基础，两者才由此得以产生"，并且，再一次地作为"不可理解的一"，"把自身分隔为二"。① 这种"不可理解的一"与作为理智形式的自我之间的区别很快变得极端。在这个方面，他已经用理性（Vernunft）这个术语来替代自我，以避免主观主义或唯我论的指责。在 1801 年的新《知识学》中，他用"绝对知识"这个说法替代了"自我"和"理性"这两个表达；但是他把绝对者自身置于一切知识之上（jenseits alles Wissens），因

---

① *Werke*, ii. 225.

此超越了单纯关于知识的理论的知识学领域。① 自此以后，他一直坚持这个立场。在其后期著作中，他把绝对者或上帝说成处于一切知识之后因此理智不能达至其本质的"存在"。知识就像一个三棱镜，把神圣的本性的无色之光分散开来，多姿多彩的世界都成为它的对象，从而被其创造出来，但是它不能反观到作为光之来源的、无颜色的统一性。我们可以用这一隐喻来说明费希特整个后期哲学，而无谓词的存在则无异于直接扬弃了他最为珍视的内在批判原则。我们可以说，分隔和超越性与其说是现实的，不如说是明显的，因为费希特总是在提及知识。但是，至少可以说，这是一个让人产生误解的立场，并且很大程度上使得他的后期哲学摆脱不了神秘主义的影响。

对此，我们似乎可以如此解释：费希特仍旧受形而上学的影响，而后者相信事物是某种在它的一切质之后的、不可认识的东西，并且在那里一个难以捉摸的本体与每一个现象相对应。正如我们所看到的那样，康德出于这种考虑而预设了物自体。与其说现象是本体的显象、本质的呈现，不如说正是关于现象的知识使我们没有资格认识本体。费希特通过使非我依赖于自我，清理了一切这种本体；但是通过这么做，他使自我本身成为一个不可认知的本体，而后者回过头来又很快地把自身从知识的自我中脱离开来。但是，当我们看到一个事物在质和行动上的显现就是事物的时候，我们的一切思辨就必定变得无用了。这一对双生的范畴是不可分隔的，但它们并不是在表象两种不

---

① 直至他去世之后仍旧没有出版的《知识学阐释(1801)》("Darstellung der Wissenschaftslehre aus dem Jahre 1801")。参见 *Werke*, ii. 3 - 163。

同的实在。"事物"是我们没有在知识中穷尽的、质的完全综合，因此，本体是还未被我们所达致的一种更为充分的知识，因而每一个范畴都具有其有效性和功能。但是这不是一种不可达到的实在，而如果要把关于思维的这种有用的区分抬高为思维无法逾越的障碍，那么只会让自己在我们抽象出来的东西之下顶礼膜拜，仍旧纠缠在主客对立中的哲学必定终结于"实在物不能被认知"这个悖论中。费希特通过主张人之所以无法认识到上帝是因为他无法认识到他自己，从而把形而上学的这种荒唐之处引向极端。"他并不如其实在所是的那样看自己；他绝看不到他的真正存在的样子。"①

一方面，我们现在已经批评了费希特只关注道德的倾向（这种倾向促使费希特否认理念的实在性）；另一方面，我们也批评了其寻找有理智之自我的超越根据的倾向。对于我来说，这是费希特思想的主要缺点，而就他的后期哲学知识通过完全放大后一方面的方式来回避前一方面而言，他所做的改变其实没有什么合法性。费希特的陈述方式使批评者有理由把他的绝对者等同于斯宾诺莎主义的实体和类似的学说。与此同时，我们可以不强调后期哲学的这种特征，并且在那种情况下，我们可以把它说成以一种流行的和哲学上看来并不完善的方式呈现出来的、通常认为黑格尔主义才有的独特立场。关于费希特，他的儿子和编辑似乎说出了实情，即费希特的成就是"唤醒了先验观念论的特殊直觉"，也就是最终把一切实在性都指向自我意识。但是，到了别人手中，这种直觉就会变成其他的特定且持存常

---

① Anwcisung zum seligen Leben. *Werke*, v. 543.

在的样子。从来不存在一个费希特主义的学派。之所以会这样,是因为在他引以为傲的著作中并没有出现"固定的写法"。"我的理论,"他说,"可能以无限多的方式被呈现。为了使对它的思考服务于每个人自身的目的,每个人就必须以不同的方式思考它。"于是,大多数重新思考费希特哲学的人都会自然逐渐远离费希特独有的陈述方法。费希特自己绝不满足于他所做的阐明;因此他不断地回过头来,提高风格和方法的清晰度,以使他的学说能被同时代的人接受。亚当森教授点出,费希特著作的优点和缺点就在于,他的著作无一不具有演讲的特征。[①] 他的著作清晰到令人惊羡,但是却并不引人反思。演说者深信听众是愚蠢的,所以要让听众懂得就必须把话全都说出来;但到最后,费希特都不清楚他的听众是否能够懂得他所说的东西。因此,他并没有把他自己的沉思推进一步,而是再次从头开始,从一个略微不同的视角出发来详述一切。在卡罗琳·施莱格尔(Caroline Schlegel)多少怀有恶意的描述里,费希特把自己的学说像一大袋羊毛那样丢到人们的脚边,就算把它举起来也只是为了再次把它扔掉。当然,哲学非常受益于费希特的这种不断的重复;然而它使人产生一种并非无法接受的感觉,即在接受他一段时间的指导之后,我们也没有获得什么进一步的东西。

正如我们所看到的那样,黑格尔能更加有效地得出观念论的原则,并且他具有更为人所接受的经验观,所以相较于知识学的作者,他其实更具优势。只要理性的在场和进展不能被长期和广泛的经验所证实,观念论就明显不会是一个完整的体系。

---

① *Fichte*,p. 46(Blackwood's *Philosophical Classics*).

但是费希特的早期立场使他对理性存在(is)的证明无甚兴趣；我们只能在它将要存在(is to be)这一意义上理解他的主张。因此，他并不对经验本身感兴趣，他的原则只能被应用在以应当存在(ought-to-be)为主题的法学和伦理学的领域。费希特的早期著作从来不谈论自然和历史。谢林对自然和历史的讨论填补了费希特观念论的空白，而黑格尔在这方面则做得更加聪明和稳健。如果不能证明理性的概念可以在这些领域发挥作用，那么就无法把实践观念论转型为绝对观念论；而黑格尔发现，只有对一切形式的经验做出辛勤和有信念的研究，才有可能完成对理性的证明。相反地，费希特似乎想象着，因为他已经在自我中把握到至上的原则，所以就能够从它直接演绎出一切具体事物。当然，我们只能在最为一般的意义上给出这种演绎；并且正如我们所看到的那样，其后果是，我们只能对知识学的一般原则做些阐述。简而言之，只要演绎只体现出了主观的聪明才智，那么它就只能是任意的和不具有说服力的；它的价值完全取决于它所体现的初步研究是否具有广度和深度。只有通过对现成事实的研究才能了解理性的具体本性。黑格尔吹嘘他的演绎呈现了"客体自身的进程"。其实事实并非完全如此；但是如果他的演绎真的做到了这一点，也只能是因为他首先使自身掩埋于客体之中。演化似乎完全是先天的，但是之所以黑格尔能把它的不同概念和原则都联系起来，无非因为他通过研究事实而发现了它们之间的相互联系。如果我们发现先天真实的意义与所谓的后天研究最为成熟的成果相一致，那么我们就可以说，先天真实的意义就以这种方式出现了。哲学的对象是关于经验的完整体系，不管它是相对于宇宙而言的（in ordine ad universum）自我发展的体系，还是相对于个体而言的（in ordine ad individuum）被苦心孤诣地收集和拼凑起来的体系。完整性（completeness）是展示同一性时唯一必需之物。[1]

正是因为作为德国观念论创立者的费希特如此之重要，并且通过对他的体系做一个批判性检查可以阐明观念论思想的随后进程，所以我才会以如此看似不成比例的篇幅来谈论他。他的历史使命在于清晰和有力地表达观念论的基本立场：一切实存必然指涉自我意识。他从康德留下的、阻碍后人前进的突兀中解脱了出来，提出了这个立场，并且带着一种偏执到几乎要引入不快的确信之情来宣扬这一立场。事实的意义在于它对于一个主体来说是实存的，而事实的功能在于使主体穷尽其意义：他有效地把主体与客体之间蕴含着的联结——这意味着主客体都必须在同一个理性之中进行理解——演证为世界依此而存在的统一性中的二元性（the duality in unity）。但是费希特在把握这种理性的统一性原则时，采取的是一种最为严苛的态度。在使主客体同一的——不管这种同一是潜在的还是被实现的——自我这一概念之中，我们可以看到经验的整个过程。但是，为了领会其全部意义，我们也必须要理解包含了全部意义的整个概念等级结构。在某种程度上，我们可以在《基础》中找到这个结构；但是费希特的整个趋势是立即向中心立场猛冲，而忘记了如果是这样的话那么这个中心立场必定仍旧处于抽象的隔绝状

---

[1] 费希特说："对于一种完全的观念论来说，先天和后天成分绝不是两个东西，而完全是一个东西。这只不过是同一个东西的两个方面，而这两个方面仅仅由人们认识它的方式不同而有所区别罢了。" Werke, i. 447.

态之中。虽然以这种方式在一开始占据了主动，可自我是理智的单纯形式，而不是在其中寻找到其内容的理性关系的世界。并且，一旦与理知的世界及其概念分隔开来，自我——正如我们所看到的那样——无非就成了一种抽象物。仅仅证明一切实存物都必须为自我而实存还不够；除非证明事物的内在合理性，从而证明其进入理性意识的可能性，否则自我性的形式是贫瘠的。关于自然和人类的宇宙是理性发展的本性这一点，我们需要看到更为详细的陈述。在我们说我们的观念论不止是一种抽象的立场或抱负之前，我们不得不详细解释引导且构成那种发展的概念，在它们之间建立联系，并且将其阐述清楚。只有当自我意识或精神看起来是一切那些概念都通向的复杂的统一体的时候，它才失去其形式化的特征，才真正成为全部的理性财富的标志。

第三章　谢林

谢林与黑格尔通过批评知识学的观念论本质上是主观的东西，从而把知识学贬低为过时的体系。当然，虽然他们确实是这样批评的，但是他们并不赞同对费希特体系的流行误解，即认为他的体系是一个心理学意义上的观念论方案，把宇宙还原为费希特先生自我主张的投射。费希特坚持认为，自我性和个体性是两个完全不同的理念；并且，正如他在《答莱茵赫尔德教授》中所说的，他的整个体系基于"对在绝对总体本身的个体之中的且伴随着绝对总体之个体的主张"①。然而，在他的年轻门徒谢林看来，除了喜欢使用引人误解的术语这一明显缺点，费希特总结哲学的方法也很快变得过于狭隘。尽管费希特承认"绝对的总体"，但是因为其独有的伦理兴趣，所以他认为绝对自我只有在有限的个人的意识中才能实现。他大步流星地从一个完善的不确定性来到另一个事实的实存，正如我们所看到的那样，他通过一个任意且具有画面感的假设（"阻碍"）把它们两者联系起来。依据这样一个理论，自然的功能仅仅是充当有限意识的必然界限。因此，鉴于费希特似乎没有给出一个独立于（作为自然之子的）个人的自然的实存，所以人们就有理由指控他的理论过于主观性。正是因为费希特把自然处理得太过不好，所以谢

---

① Fichte, *Werke*, ii. 505.

林不得不进行他喜欢称为"突进到实在"(Durchbruch zur Realität)的工作。自然并不简单地作为非我(not-I)而被摒弃。只有当人们把注意力集中于实践领域的时候,我们才可以把对自然的充分叙述说成自我实现的"障碍"(即使障碍最终被转换为"物质"或手段)。一个作为非我(not Ego)的障碍总是理智所不能理解的;相反地,自然本身乃是理知形式的弹药库,且需要被如此看待。自然拒绝被笼统地塞入意识之中,而这只不过是希望防止后者成为一片空白。因此,对于谢林来说,一个更为真实的观念论必须是一个可以用来理解自然的体系,因而必须是一个展示它与自我的理智本性相同一的体系。

谢林在二十岁的时候以一个热忱的费希特主义者的身份开始了他的哲学生涯。那本他在早年出版的小书①证明了他像费希特那样对自我的原则有坚实的把握。两年后,《一种自然哲学的理念》(Ideas towards a Philosophy of Nature)问世,而且从那个时候起,两个哲学家之间的嫌隙越来越深(不幸的是,这种嫌隙还扩展到个人关系方面)。谢林的哲学涉及许多层面,但是他的名字总被拿来与《自然哲学》联系在一起。这无疑是一大成就,也正是凭借这一点,他得以在我们的历史中留下自己的名字。人们可能说,《自然哲学》的核心理念是把自然展示为从理智(intelligence)到意识的过程。自然绝不是有意识之思维的僵死的反题,它并不能单纯被定义为非我,它也是自我。根据费希特的公式,"自我是一切",②也就是说,它包容万有;但是,谢林进

---

① *Vom Ich als Princip der Philosophie*(1795).
② Schelling's *Sammtliche Werke*, i., iv. 109.

一步说，只是因为"一切=自我"，所以它才是真的。也就是说，一切自然的事物和存在都展示了在其结构中的理智；它们每一个都是"心灵中可见的类似物"①。在时间上，自然要先于个人的理智，也就是说，它是个人理智的来源。如果它并非一开始就与我们视为自在地具有理智的东西相同一，那么它如何能够产生有意识的理智呢？对于《自然哲学》而言，"自然会是可见的理智，而理智会是不可见的自然"②。

如果说费希特从《实践理性批判》入手开展他的哲思的话，那么可以说，谢林把《判断力批判》当作他的起点。他一开始接受的是有机存在者的生命这个一般的自然观。有机体是一个自我生产的整体，在其中观念和实存绝对相融。它作为一个客体而实存，并且它的实存是一个自我塑造的理智的客体；它是一个自我实现的理念。费希特哲学把自然的有机方面简单地一带而过，但是，如果一种哲学在其自然观中没有为自然最引人注目的现象留下空间，那么这种哲学明显不是包容万象的。通过归纳我们很快会发现，在有机体中观察到的东西正是普遍自然的基本理念；它的产物是理知的，但是它被生产出来的过程却是无意识的。如果我们把自然看作一个僵死的产物，比如，如果我们把理智转化为一种自然之外的意识，强加秩序于其上并且在其上进行规划，那么谢林说，我们就一股脑地摧毁了自然观念。根据其基本观念，他强调，自然的任何部分都是活着的或自我生产的，它既是生产力也是产物。经验性的科学只处理

---

① Schelling's *Sammtliche Werke*, i., ii. 222.
② Schelling's *Sammtliche Werke*, i., ii. 56.

互相分隔的产物——处理自然的客体，或处理作为客体的自然；《自然哲学》把驱动整个自然的内在生命看作生产性或主体。[1]在这个意义上，谢林曾经用世界灵魂(Weltseele)这个不幸的说法来形容自然。他用一种听起来极不科学的表达方式，把它简单地说成"作为积极的力量的统一的自然"。自然被看作生产力和产物的同一；换句话说，就像自我是自因一样，自然也是主体—客体。

《自然哲学》下一步着手把无意识的理智置于一个递增序列，在这个递增序列中，最低的自然物与最终具备了自我意识的、全副武装的有机体之间，不再存在鸿沟。谢林和他的追随者并不具有充分的材料，但喜欢打比方，再加上无限的激情，所以在制定这个方案的细节时，他们总是陷入最为疯狂的狂想。但是今天从事物理学思辨的人不应该像平常那样轻蔑地看待这场运动；因为大体上他们自己的宇宙观也与它没有什么两样。"质料，"谢林用类似廷德尔(Tyndall)教授的口吻说，"是宇宙的普遍的谷种(universal seed-corn)，在后来的发展中展开自身的所有东西都被包纳在内。"[2]但是，谢林当然看到了这种质料本身已经是一个理想的原则，作为暂时得到平衡的诸力量持续的产物，它是自我的一个象征或原初形式。简单总结一下，动态的自然观和发展原则在最为宽广意义上的应用可能正是《自然哲学》的特征。它的具体错误并不对我们当下的目的产生影响；如果哲学侵夺了科学的功能，那么这种错误和突变就是必然的。哲学只

---

[1] 参见 *Einleitung zum Entwurf eines Systems der Naturphilosophie*, Werke, i., iii. 275 等各处。

[2] Werke, i., ii. 223.

能在自然之中建立起理智的一般原则,只有科学家才能得出这种原则。

费希特在他的后期著作中指责谢林使人们从他辛苦清洗过的哲学回到独断论的泥潭之中。正是因为谢林热衷于对自然进行思辨(而不诉诸专门的哲学学科),所以人们会觉得费希特的这种指责确实是有道理的。然而,这种指责其实误解了谢林想要做的事情,[①] 而且他的证明之所以看起来有道理,是因为他把《自然哲学》与他的思想体系的其他部分割裂开来了。费希特要从谢林式的思辨中解放出来的"自然"是处于理智的一切关系之外的物自体。一方面,它是某种不能被带入知识领域之中的东西;而另一方面,它不能转化成有意识的理智。如果谢林重新主张这种非实体,那么费希特的指责就会是对的;相反地,他并不用"自然"来称呼这一"事物"。但是在他眼中,进入具有个人意识的实存的一种自然无论如何都只不过是一种"自然"。正如我们所知道的,谢林所做的——或试图去做的——事情是把自然看作(并把它展示为)理智的机能,通过不同程度的不同形式指向其自我意识中的必然目标。因此,自然和个性成为一个伟大的理智有机体之中的部分,而不是只能用不诚实的机巧才能放到一起的两种事物。如果我们把费希特哲学简单地解释为一种把自然证明为仅仅实存于有意识的人的"心灵"之中的努力,那么这种观点确实很有效地把一种真正的观念论原则保留了下来。但是这种推断会把哲学变得狭隘,从而变得没有价值。心

[①] 但是,费希特在这里指的是由这些思辨引发的思维习惯,而非严格意义上的哲学问题。当然,显而易见,他所批评的人对他自己所热切拥抱的伦理和宗教的观念论进行了改造。这在他看来是向独断论的倒退,或者倒退到依赖感官世界的阶段。

理学的观念论的可指摘之处除了它违反常识，还在于它需要假设各种各样能接受印象或具有观念的互相分隔的心灵。历史上那些伟大的观念论者——古代世界的柏拉图和亚里士多德，现代世界的谢林和黑格尔——几乎不处理质料的实存或非实存的问题，而一般人以为"哲学家"恰恰应该不断切磋琢磨这些问题。这种既把单个的理智同一起来又把它们分隔开来的物质体系的"实存"到底具有什么样的本性？也许上述的哲学家没有一个给出完美的、令人满意的理论来解释这个问题。也许，人们会说，要完整地解释这个问题其实就是要回避这个问题，因而要消除我们自己个体性的条件。① 无论如何，这不是经典的观念论者所关注的问题。他们所看到并且努力去解释的东西是，物质体系的现实实存被包含在作为其载体的理知形式之中（其余那些不能被认识的，仍旧仅仅是一种与我们的立场相关的纯粹抽象的东西是不完整的理智）；因此，只有在一个自然和人可能都被包括在内的理智体系中，我们才能发现它的存在根据（ratio essendi）——一切存在的最终根据。

费希特可能在表达谢林经常用来描述自然的"无意识的理智"时被绊了一跤。当然，如果它被等同于无意识的意识，那么这与其他自相矛盾的说法没有什么两样。但是如果这么做，就意味着要对费希特的"自我"或"纯粹的意识"同样做如上文所谈到的那种狭隘的解释了。这也意味着，在自我中，我们仅仅强调意识——我们常常说的所谓关于自我的感觉——而不强调在意识中被揭示出来的关于自我的合理性或理知内容。谢林对费

---

① 参照第35—36页（原书页码，即边码，下同。——译者）所述。

希特的回答可能就是围绕着上一章结尾部分所表明的线索而展开的。他会完全承认，如果我们静态地看宇宙（把宇宙看作一个永恒的事实）并且寻求总结和理解宇宙的最终公式，那么从康德以来的观念论者一定只会用作为绝对知识或精神的自我意识来回答。但是他会进一步提到，虽然自我意识是理性或思维的最高形式，但它自身只是形式。只有理性内容才赋予自我意识以价值；以至于在这个意义上，思维是真正的自我。因此，哲学必须从费希特所呈现出来的抽象事实出发，继续展露在自然和黑格尔所说的历史的形式中所展现出来的如此丰富的理智因素。对这些形式进行阐明和串联成为谢林和黑格尔的主要任务。各种形式并不互相排斥（exist side by side），而存在着更为原初的形式这一事实并不妨碍形式变得更为丰富。① 要为任何一个形式辩护，就要把它说成观念的历史中的一个阶段，而如果没有一切其他部分，那么也不会有一个阶段是完整的或可能的。当我们探讨这个或那个阶段的时候，这些阶段似乎因此具有了暂时的独立性，但这并不意味着它与作为其部分的有机体有片刻的分离。

这让我们直接来到黑格尔，但是如果简单了解一下谢林为了完善他的形而上学体系而采取的下一个步骤，那么我们就可以更为准确地理解黑格尔的立场。谢林在一些名字有些语意模

---

① 虽然斯宾诺莎说话的方式非常不同，但是他对"为什么上帝并不把自身局限为完美形式的创造"这个问题的回答与这个立场比较类似。他说，这是因为它具有创造了一切可能层级的完善这一神圣本性。"我也只好这样答道：因为上帝绝不缺乏材料以创造由最高级至最低级圆满性的一切事物；质言之，因为神的本性的法则至为广大，凡神的无限智慧所鉴照的一切，都可创造出来。"*Ethica*, i. Appendix.（译文引自斯宾诺莎：《伦理学》，贺麟译，商务印书馆1997年版，第43页。——译者）

糊的未完成文章《对我的哲学体系的阐述》(*Darstellung meines Systems*, 1801)①中, 推进了他的想法。人们一般把谢林的思辨层次理解为"同一哲学"。根据谢林自己的说法, 他已经突进到实在性之中, 并且把自然证实为理性的作品。《先验观念论》(1800)彰显了谢林对知识学的发展, 而谢林认为他的《自然哲学》已经成为重要性可以与《先验观念论》等量齐观的作品。严格地说, 自然的科学和意识的科学是同一个主题的变体; 而正如他向读者所介绍的那样,《阐述》所要做的事情是呈现"构成那些不同阐明的基础的体系自身"。哲学, 作为"绝对的科学"或绝对者的科学, 必须把对理智的这些"片面的"表现提升为对其自身本性的审视。因此, 谢林在《阐述》中以如下的定义作为开篇: "我所说的理性是绝对的理性, 或是在思维时不区分主观与客观的理性。"他进一步指出, 通过这种抽象, 理性成为"无视主客观的真正的自在(an-sich)"。只要理性是如此被规定的思维, 并且理性的本性是与自身相同一的, 那么它就是绝对者。于是, 这种绝对的同一是宇宙自身(但却不是宇宙的原因)。如果不把自身设定为主体和客体, 那么绝对的同一就不能认识自身。然而究其本质, 在主体与客体之间并不存在对立; 差异并不是质上的, 而是量上的, 差异只在于, 一开始同一性中主观性占优势, 而其后客观性占优势。因此, 向质料宣泄自身的力量无异于在心灵世界中寻求表达的力量; 有时, 只有现实的东西处于上风, 而在另外的情况下, 理想的东西处于上风。只要存在主体与客体之间在量上的差别, 那么这种差别就是有限者的基础。人只

---

① *Werke*, i., iv. 105 – 213, 下文中的引文出自此处。

有在"任意地"反思或想象时才会想出构成事物之个体性的、与绝对的同一性之间的明显区隔。① 不存在完全依靠自身的个别的事物，一切事物都仅仅作为绝对的同一性的模式或"潜能"而存在。绝对的同一性只以一切的潜能的形式而存在。

我们可以在许多这样的句子中明显看到类似斯宾诺莎主义思想的地方，而在由它们总结出来的前 50 个原初命题中，这种相似则显得更加惊人。谢林在他的序言中提到了这种类似之处，并且通过采纳斯宾诺莎为了阐明"伦理学"所使用的类似几何学的方法进一步强调了这一点。大体上说，对于斯宾诺莎和谢林，我们都可以采用同一种批评。斯宾诺莎和谢林的学说在一些地方都给出了同样正确的说法，但这两种学说也各自有互相冲突的思想路线，以至于它们两者都无法把自己的道理说清楚。世界统一于上帝之中是斯宾诺莎主义的真理，因此，世界杂多的生命应当被看作神圣的本性不断能量化（continual energizing）的过程。但是，通过运用"一切规定都是否定"（Omnis determinatio est negatio）这一原则，斯宾诺莎被迫把一切有限的差别都看作一种摩耶（Maya）或曰妄念。他说，只有通过抹除一切规定性的方式，我们才能达到宇宙的哲学观；因此，体系之神是无形式的实体，宇宙的生命和多姿多彩被扼杀于苍白的同一性中。谢林的术语要比斯宾诺莎的术语有进步，但是其后果却非常相似。他的绝对者被称作理性；但是他说，就其真实的本性而言，理性必须被看作无视主观和客观之间区别的点。"我们可以知觉任

---

① 并不存在"自在或与绝对全体性相关的东西"，而只存在"与个别的存在相关的东西"。

何从全体性视角出发的事物"(斯宾诺莎会说,在永恒的视野之下[sub specie aeternitatis]),"从整体的角度,我们应该看到主体性与客体性在量上的完美的均衡,因此,我们只能看到在其中没有东西可以被认出来的纯粹的同一性"①。每一种坚持在上帝的显象之外规定上帝的哲学都最终会得出一种在其中看不出任何东西的纯粹的同一性。事实上,康德和费希特在物自体问题上所犯的谬误,也同样发生在斯宾诺莎和谢林那里。在自在与现象之间同样不可能存在区隔,亦即不能把后者降格为某种任意的、主观的和虚假的东西。"一个主词比其谓词的总和还要更多"的观念必然会促使我们去做那些使哲学沦为笑柄、使哲学蒙羞的超越的思辨。这一点很快在谢林这里得到证实。唯一的绝对者是一个在世界中可以证明其实现的绝对者。任何其他的东西都成为一到我们手中便变得不可知的尘埃。

如果谢林继续把绝对者说成无谓词的同一性,那么他把绝对者描述为理性也没有什么用。用海姆(Haym)的一句话说,谢林在理性的绝对性问题上忘记了绝对者的合理性;一旦合理性被提升到绝对者的级别,它就不再被关注。仅仅告诉我们绝对者是同一性,亦即与自身相同一,并不有助于说明同一性的本性。说绝对者使主体和客体相同一,也对我们没有很大帮助。一方面,我们已经看到,因为这种"量上的"差别并不存在于"全体性之中",并且谢林把同一性描述为全然不指涉任何差异的全无差别。② 另一方面,黑格尔非常认真地对待谢林的绝对者是理

---

① *Werke*, i., iv. 127. *Darstellung*, prop. 30.
② *Werke*, i., vi. 22-24.

性或思维这个开篇命题；而他进一步说明了，正因为绝对者是理性，所以它不是苍白的同一性，它拥有一个关于自身的详尽的结构。在某种意义上，根据黑格尔的说法，理性的结构可以不通过主客观之间的对立而被检验，但是那种对立并不像在谢林那里那样与理性的本性不相关。只有通过对立——在能够克服对立的精神中——绝对者才实存，或者是现实的。因此，在谢林那里作为一种"纯粹的"或苍白的同一性在黑格尔那里获得了一种新的意义，即同一性成为思维通过其对象呈现自身。

不过我还是不得不说，尽管谢林激烈地反对这种批评，但是他在《阐述》中还是过于频繁地把主体性和客体性看作两股互相克制的显著力量，或者可以像酒和水一样互相混合的两种成分。无论如何，就算对他的语言做最好的解释，我们也无法否认的是，同一哲学把主体和客体看作两种具有同等重要性和价值但却没有交集的发展。在这一点上，谢林没有认识到，费希特之所以会特别关注主观的自我，是因为主观的自我背后蕴含着真理。黑格尔基于其绝对的观念，重新认识到主体在其自身中包含着客体。因此，主体和客体两者虽然依各自的路线行事，但是在各个方面，主体都正如他所说的那样与客体相互重叠①。作为思维之"反面"的自然在体系中具有其不可或缺的位置，并且黑格尔并不试图低估其重要性和相对独立性。但需要注意的是，我们并不一直站在自然一边，且与意识相对；这里存在着一个通过自然到达意识的发展。因此，整个发展的王冠——其理想的目的及其在现实的前提——是有意识的精神，只有通过

---

① "相互重叠"(overlap/Uebergreifen)是他用来表达关系的词语之一。

这种精神，绝对者的现实实存才能被认识到。相反地，在谢林那里，即使绝对者显现于用以替代这种发展的不断上升的潜能的双生系列中，它也不具有任何现实性。绝对者的现实实存绝不指涉这种区分。如果每一步都使我们远离"真正的自在自身"（智性直观的纯粹同一性），那么这个过程到底有什么意义呢？

正如我所说，谢林确实不像在《阐述》中那样如此极端地表述两个相反的冲突。但是他不久之后就把我一直努力去揭露的这种思想路线推向合法的后果。在一篇出版于1804年的名为《哲学与宗教》的小论文中，他大体上主张，对于绝对者来说宇宙的实存并不重要，宇宙的实存与绝对者的关系仅仅是一个偶然事件。① 宇宙实存的根据并不在绝对者之中，而在自我宣称其自身为独立的原初主张之中。这种不可解释的和无时间的行动是精神的原罪或原始的堕落，为此我们要在时间—实存的循环中接受惩罚。"自我性是有限性的普遍原则"，并且它离上帝最远。但是来到和经过远日点之时，便是向近日点的运动之时。一切努力都应该是为了获得"关于宇宙及其历史的最为伟大的意向"；这"无非在绝对者中的完全和解与重新吸收"。人们一定会注意到这一点与冯·哈特曼（Von Hartmann）的想法极为相似。因为如果自我性是罪，那么"宇宙及其历史"就纯粹是罪恶的和愚蠢的，并且从来没有比这更好一些；"无意识的东西"是一切事物都在追寻的其他东西。《无意识的哲学》事实上是谢林后期哲思的自然产物，而如果我们把思虑延展到在黑格尔死后谢林

---

① Ein blosses Accidens... ausserwesentlich für das Absolute. 参见 *Werke*, i., vi. 41-42。

所转向的"肯定"哲学的话，那么这两者之间的连结就会变得更为直接。[①] 肯定哲学的主要目的是通过解释为什么需要有一个理性的宇宙或体系，来填补黑格尔对宇宙的合理性缺乏论述这一空白。黑格尔告诉我们"如此这般的实情"（quod sit），谢林也希望回答何为"如此这般的实情"。谢林越是致力于回答"为什么"的问题，就越是迷失在神智学的迷宫之中。只要试图来到"是什么"背后并通过居于实存之前的某物来解释实存，那么就自然会得到这个后果。通过最为完整的分析，哲学应当呈现一个合理地统合我们所见之世界的综合。真正的哲学和错误的哲学之间的差别在于，错误的哲学仅仅沉迷于由物质构成的部分，因此仅仅通过适用于某一部分或阶段的原则来解释整体；而真正的哲学则"持续且完整地看待生命"，因此，它的原则包含在其演化过程中的所有现实层面。

随着谢林的思考脱离现实层面，他的思想也由此在很大程度上不再对一般的哲学史产生影响。在1804年或1806年之后，谢林越来越成为一个沉浸在自己世界里的思想家，而黑格尔则在继续研究世界历史的哲学线索。但是，如果假设我们所追溯的思想线是谢林那里唯一的思想线，那么我们就错了。贯穿《阐述》的是一条更为真实的思想路线：虽然初看之下主体和客体是主观限制和错觉的产物，但它们却最终成为绝对者之实存的必然条件。"绝对者，"他说，"只有在主体—客体之形式下才存在。""绝对的同一性只有在一切潜能的形式之下才会实存。"这大

[①] 参见 Von Hartmann, *Schelling's positive Philosophie als Einheit von Hegel*。这本小册子既敏锐又有趣。

第三章 谢林

体上是上文所说的黑格尔的立场,只是谢林的这些观点并不完善,并且永远与其他的思想路线牵扯在一起。谢林身上的艺术家气质使他难以适应他的严苛同事①所谓的"思想的劳作"。他同时具有艺术家本性的优点和缺点:正是因为他的诗性气质,才使他具备如此有魅力的风格,也使他能做出如此多的预见。②但是他如此敏感于事物的变异方面,而事物变异得又如此迅速,以至于他没有时间用一个确定的形式来说明它们。他也把他的研究展现在公众面前,并且他的每一本书都开创出一条道路。相反地,黑格尔则会在进行长远和仔细的思考之后再最终发表观点。他辛苦且踌躇地推进,在每一个知识的领域都啰里啰唆,直到他认为自己已经发现普遍应用的原则。在把原则付诸公众以求检验之前,黑格尔早就对其做了检验;但是,一旦他拥有这个原则,他就会自信地坚信他找到了解决一切问题的答案。他的原则充分坚实,正如他所付出的劳作并不稍减。

---

① 即黑格尔。——译者

② 我们可以对四个哲学家的风格做些比较。康德絮叨叨、令人生厌,在区分之上再做区分,却不能保证他的意思让人理解。费希特的风格是坚毅有力,他可能是雄辩的,并且他的句子因出色的修辞而光彩夺目;但它们是一道干燥的光(dry light),且最终给人留下一种冷酷的印象。黑格尔的句子提炼自精神的劳作,它们是沉重的话语,充满着互相对立的思想,使人印象深刻、难以忘记,他的措辞和形象通常都很有力量。但是只有在谢林这里,清晰性和柔软度相得益彰,而这正是真正的好风格的标志。谢林的风格可能太过于诗性,以至于不能成为最好的散文,但是它们并不用力过猛也不唐突急慢;而读者会怀着真正愉快的情感徜徉在这些句子中。

第四章　黑格尔

尽管我们不能把发展的旨趣强加给黑格尔，但罗森克朗茨（Rosenkranz）的《黑格尔传》（*Life*）中的材料使我们多少知道了黑格尔何以达成他的结局。他对基督教精神所做的深刻研究是他在学生时代留下的最引人注目的一笔。我们几乎可以认为，他的体系起源于一个宏大的念头，即协调基督教精神和希腊理想，并把这两者融合于现代世界的实践生活之中。《耶稣传》（*A Life of Christ*）和《实定宗教批判》（*A Critique of Positive Religion*）属于他留在瑞士住所的手稿。当他在那里和在法兰克福做家教的时候，他的研究主要在神学和历史领域，而不是哲学领域。他比谢林大五岁，但是我们发现他在谢林已然成名之后仍继续做着严肃的康德研究。我们几乎可以说，他之所以要转向哲学，是为了明确表达他头脑中的整体历史之进程（尤其是宗教意识的发展进程，因为在他看来，这正是一切人类文明的载体）的理念。

从他在 1797 年和 1800 年间于法兰克福创作的不成熟的思想文本之中，我们可以看到他已经在努力呈现完成后的体系的一切最明显的特征，例如，作为与自然和精神等量齐观的学科的逻辑学的出现、辩证法和把绝对者作为主体或精神的规定。在协助谢林的耶拿时期，他撰写了一系列论文和批判文章，在这些作品中，他用独特视角解读了其更为著名的朋友①的观点，从而清晰明了地表明了他们二人的哲学对康德、费希特、雅可比和其他同时代人的体系持何种立场。也许他是第一个使谢林看到他的体系和费希特的体系之间到底有什么差异的人。在谢林离开耶拿之后，我们可以想到黑格尔会多么不满于他的朋友聪明但却模糊的思辨，又多么不满于他在《自然哲学》中所显示出的稚气的浮夸和轻率。他最后在《精神现象学》(1807)的著名序言中向世界表达了他对一切这种杂乱无章的思辨的深刻厌恶，从沉重之语句所带的苦涩之情中，我们可以看到长期压抑情绪的总爆发。

在开篇之处，他就说："不难看出，我们的时代是一个充满创造力的时代，一个向着新时期过渡的时代……正如一座大厦在奠基之后距离竣工还很遥远，同样，我们已经获得的关于整体的概念还不是整体本身……意识看不到内容的展开和细分，更看不到形式的塑造过程。"②因此，他表明他的任务是把理性的大厦奠定于旧有的基础之上。正如他在十年之后所说的那样，只有在"直接的而需要更多辛苦努力就可以进入理念之享乐中去的"新的原则包含了真理的内核时，我们才可以谅解年轻人对它所怀抱的激情。"礼花弹没有达到最高天界。人们只有通过概念的劳作才能赢得真实的思想，赢得科学的洞见。"如果我们要准确地知道我们原则的本性，那么这种阐述的劳作就是必要的。没有它，绝对者和所知的世界之间建立起来的联系就完全

---

① 即谢林。——译者
② *Phaenomenologic*, 序言。Werke, ii. 10 - 11. 下文见序言各处。

是外在的，并且会把自身降格为一种单调的形式主义。我们只接受给予我们的材料，把它带到"认知主体的无运动的形式"之下，并且想象着我们由此已经对其做出了陈述。这个过程（费希特无疑是其原创者）使事物完全保持原样，这就好像把它们浸入没有颜色的中介之中那样。谢林的绝对者也没有更好：主体性和客体性之间精巧的平行结构——形成了像"理智是电"或"动物是氮"这样的教条——就像重复一个已经被看穿的魔术把戏一样让人难以忍受。谢林一开始就把绝对者发射给读者——就像从一把手枪中射出来一样，而这种方法是极端错误的，并且只会通往无法被区分的实体的统一。事实上，他的绝对者并不比在其中一切牛皆黑的夜晚更好。在谢林的规划中，真理并不是一种"直接的"或"原初的"统一性，而是一种"恢复自身的同一性"，并且根据黑格尔的说法，一切都依赖把绝对者或真理把握或者表达为"同样的主体而非实体"。这一洞见结束了一个无形式的本质的观念：如果没有形式那么就不会有本质，而绝对者作为主体在其中自我发展的形式的体系而存在。因为从本质上说，主体是自身的生成（Sichselbstwerden），并且这一发展的体系或过程是真理或整体。只有当绝对者是整个过程的后果（或作为"与其生成共在的后果"）时，它才知道其居于真理之中。因此，只有精神包含了一切发展之后，它才是现实的。它是后果，也是开端，因为现实的开端是目的或最终因（Zweck）。

尽管黑格尔对他的前辈的批评看起来很苛刻，但是这些批评还是有道理的。费希特和谢林似乎没有对观念论的原则做出演绎；正如黑格尔所说，它是从手枪里射出来的，因此，观念论的原则在他们的手中并不能结出成果。费希特绝大多数时候都在充满热情地快速手枪射击；但是根据黑格尔的说法，谢林的建构虽然被浸在绝对者的染料之中，但与他的原则之间只有很少的联系或根本没有联系。只是浅尝辄止地看一下自然和历史是不够的，这只会引发独断的理论。概念的劳作需要把它们统合进一个无所不在从而穿透实在性的体系之中。谢林和黑格尔之间的差异很大程度上就在作为后果的绝对者的理念这里。人们总是出于各种原因把他们之间的关系拿来与柏拉图和亚里士多德之间的关系做比较。人们会做的其中一个比较是，谢林像柏拉图一样不断地试图解释事物的开端，而黑格尔则像亚里士多德一样聚焦于终结，即事物的最终形式和完满的状态。谢林把绝对者呈现为一个无形式的前提，它赋予实存以形式，但在其自身之中并不包含各种形式的存在理由（raison d'être）。在黑格尔那里，绝对者和世界之间不再存在任何机械因果性；他把作为一个前提的绝对者看作一个单纯的名字或声音。哲学谈论世界之"原因"的唯一意义在于，通过这种谈论，整全的理念可能被称作所有部分的原因。我们最终会发现，使一切发展得以可能的原因是或明或暗地照耀到每一个阶段且所有阶段都似乎在继续完全地实现它的内在理念。这个理念与亚里士多德的τέλος（目的）或完善的ἐνέργεια（现实）非常类似。根据黑格尔的说法，我们可以在τέλος或"整个创造向之运动的"目的之中找到对其明显的开端或随后的进程的真正解释。正如亚里士多德会告诉我们的那样，在思维中ἐνέργεια总是先于δύναμις（潜能）；正因为潜能是现实的潜能，所以它才叫潜能。确实，即使这些概念被用于经验中那些零散的发展案例，人们还是会认为有必要在思维的先天部分和事实的先天部分之间做出区分。但是在一个包容万有的整全（诸如绝对者的概念）之中，这种区别就必然会消失。只有把时间上的先和后的概念运用到置身于过程的人的经验之中，这些概念才是有效的；对于整全的经验或者能够看到整个过程的人来说，这些概念是完全没有意义的。正如费希特所说："宇宙是一个有机的整体，其中没有任何部分可以在其他一切事物都不实存的前提之下实存；宇宙不可能是逐渐产生的，而是只要它还实存，它就必须无时无刻都是完整的。"[1]如果不科学的理解（unscientific understanding）幻想着，研究宇宙的理性表达无异于听一段叙事或故事，那么这仅仅是"因为它除了能理解故事就什么也理解不了"。因此，在绝对者自身之中，并不存在历史；概念和实存必然是同一的。

但是，黑格尔并不仅仅批判了其他人的缺点，他还承担起他曾经提及的使命：得出费希特和谢林的原则，展示"作为体系的真理"。他说，在某种意义上，只要我们能以自我否定的忠实态度来遵循自然辩证法（在自然和历史的过程中与日常思维的每一个概念中，我们都可以观察到它），那么这一使命就并不困难。这里所说的"辩证法"是黑格尔对康德范畴表中所暗示的三

---

[1] Fichte, *Werke*, ii. 399.

重运动的解释,[1] 而费希特已经在他的建构中提出了正题、反题和合题,从而运用了这一方法。对黑格尔来说,如果要用最为简单且简明的话,那么这种方法无非要系统地承认这一事实:没有否定就没有肯定,否定只不过是使思维通往更进一步的肯定的唯一一条道路。深深地影响了黑格尔的想象的"否定的巨大力量"在自然中表现为变化、瓦解、去世和死亡。对于思辨来说,其功能就在于通过引入包含其对立面的差异,从而拆解思维的最简单的统一。真正思辨的方式就在于允许这种功能自由地运作;我们不能避免它的行动,但是更不能屈从于否定者。我们必须直面它,然后把它征服,并且展现出一种能在更为完满的真理之中把最先的命题和对它的片面理解所引起的矛盾关联起来的新的肯定。通过在其自身之中为一切从属的否定留出余地,真正且最终的肯定变得合理。因此,从最简单的例子开始,纯粹概念(关于不变的和自我同一的存在的概念)使自身置于彻底的矛盾之中,而思维只有在(暂时地)解决了作为不断地产生与消逝之过程(生成)的实存概念中的困难后,才能恢复到正常的状态。在更为一般的意义上说,感性思维的阶段是最初的、最为简单的肯定。比如,对孩子来说,对不做反思的思维的一切环节来说,一个苹果就是一个苹果;而这似乎充分地表

---

[1] 不用说,康德使我们注意到每一类范畴的数目总是三,并且每三个一组中的第三个范畴都来源于第二个和第一个范畴的联结(例如,作为统一性的复多性是全体性,带有否定性的实在性是限定性)。在《判断力批判》导言中,他再次使我们注意到"纯粹哲学中划分的几乎是普遍的三分",并且辩称它来源于主体之本性。参见 *Werke*, v. 203。在《精神现象学》的序言中,当黑格尔把康德式的三一体上升到绝对意义的程度的时候,他就把康德式的三分性说成"用来呈现真实内涵的恰当形式"。但是他补充道,康德是凭直觉偶然发现的这些范畴;他并没有认识到它的真正范围,所以对于他来说它仍旧没有生命力。

现了一个本身简单和完整的事实。但是反思取代了直接的感性认知，并且把差异带入看似简单的东西之中：它把不同的质和事物的不同方面分隔开来，且通过清晰简洁的术语，把这些互相对立的东西放到一起。这种对立是思辨哲学要克服的使命；它必须"使这些坚硬和牢固的思维变得灵动"，并且展现它们之间的差异以及把它们自身组合到一个整体之中的联系。这是第三个也即最后一个阶段所要做的事情。否定的最终形式——黑格尔称之为"一般的否定性"(das Negative überhaupt)——是存在于意识之中的自我及其对象之间的差异。但是，在一切事物之中只认出其自身的主体概念(只把现实世界看作自身发展的进程的精神或"它用自身的要素为自身建立起来的王国")最终克服了这种否定。

《精神现象学》希望把读者引导到这种绝对知识的"以太"中。它从日常的感性思维开始，通过潜藏的矛盾使其走出自身；并且通过同样潜在的辩证法，我们被从一个阶段带到另一个阶段，直到我们发现，正是因为站在所谓绝对的立场上，所以我们并不能停下自己的脚步。再者，具体的个体朝向这个绝对的目标进发，而这个进程的各个阶段不断地延续，最终呈现为一个历史中"普遍的个体"走过的更为缓慢的进程。因此，《精神现象学》也简要地记录了人类思想伴随着全部的"世界历史的伟大劳作"而不断前进的进程。事实上，虽然在《精神现象学》中毋庸置疑仍旧存在平行论，但它已经很少出现了。在许多年后，黑格尔把这本书说成他的发现之旅；从许多方面来看，它都是他一切著作中最引人联想的一部。然而它毕竟是开山之作，所以缺点和优点并存。材料过于丰富会使人难以完全地掌握；而正是因为他突然从对个体意识的状态和过程的讨论过渡到对历史体系和情感层次的刻画，所以让人读起来实在摸不着头脑。但是，让我们把这本书放在一边；因为黑格尔暗示，如果"知识的要素"被获得，并且思维和存在之间的对立被克服，那么我们就可以立即着手考虑思维的概念本身，而把意识与其对象之间的对立放在一边。在这一要素①中，实存和思维只是相同的理性内容呈现给我们的两个侧面。理性观念的体系构成他在这里大力声张的所谓"逻辑的或思辨的哲学"的东西。②

《逻辑学》所呈现的正是这些思维的运动或连接，却不关涉作为这些思维之目的或作为思维之载体的主体。对很多人来说，这已经成为一块绊脚的石头，因为它似乎意味着存在没有思维者的思维。但是，反驳它的观点则基于一种唯物主义的观念，即认为在"心灵"中有许多类似事物(thing-like)的东西实存。我们当然有可能不指涉任何包含概念的意识而检验思维自身的本性，即只检验它的观念。只要我们在阅读或言说或思考，我们就在以这种多少是绝对的方式来看待思维，并且不再记得去关注意识。概念的科学的意义和价值完全不在于这种指涉。毫无疑问，除了黑格尔式逻辑的发展，任何人都可以自由地把有意识的主体作为其载体。但是在某种程度上增加一个主体并没有什么用处，因为它绝不对发展的本性产生影响，其仅仅是一块总是放在我们手边可以拿来照的镜子。人们之所以如此坚持要

---

① 即"思维的概念本身"。——译者
② 我写过一篇有助于增进我们对黑格尔立场总体理解的文章，参见 *Mind*, for October, 1881。

更加重视事物,是因为他们处于黑格尔称为图像化思维(pictorial thought)的一个层次。科学在其谓词的体系中找到了应当研究的主题,并且对这些思维之本质做出的检验以及确定它们互相之间的关系就是研究的对象。因此,正如黑格尔所说,随着其实体不断发展,"空洞的自我"逐渐隐没,直到最后的绝对理念的概念中它重新出现,但那时它已不再空洞,而是变得内容充实。在宣称要演证这一概念之必然性的过程中,《逻辑学》有资格宣称它确实为主体的权利做出了更为有效的辩护,而不是像其他的体系那样只是吵吵闹闹地喊些口号。

不得不说,黑格尔把《逻辑学》置于其哲学的中心地位这一举动深刻地影响了"回到康德"的运动。我们已经考量了他的体系与费希特和谢林的体系之间的关系,但确实是康德直接地促使他建构起《逻辑学》。康德也把作为概念之单纯"载体"(vehicle)的自我归于它所承载的概念之下,并且在范畴表之中,他尝试对这些概念做一个列举和安排。黑格尔在他的《逻辑学》中所呈现的对普遍思维之内容的分析无非对康德一连串范畴所做的修订、完善和统合并加上各种联结,只不过他没有像康德那样,对由此展开的思维图式做主体性的预设。用康德的话说,黑格尔只是把理性经验分拆为碎片,并且以体系的形式把它的全部条件置于我们面前;他从最简单的概念开始,一直到最复杂的概念,而我们每天都在用这些概念来命名我们的思维与行动以及我们周遭的生活。当然,黑格尔确实认为,理性经验的统一性等同于事物的最终综合。这是他从前辈那里继承的遗产,而在这里没有必要重述从康德主义的平台出发如何得到这一结论。

重新归于康德之下，并且重新强调思维的内容，是一件对于其他人来说完全有益的事情；因为当下关于自我与非我、现实与理想和绝对者等问题的哲思有可能堕落为一场以反驳为乐的游戏，从中我们越来越难以看到理性的痕迹。①

尽管历史学学者足够清楚《逻辑学》的前身为何，但对于黑格尔的同时代人来说却并非如此，因为他们看到的是从"存在"到"绝对理念"的全部完整逻辑关联被丢到他们面前。终结回到了开端，就像一条蛇把它的尾巴放入自己的嘴里。但是概念的整个链条与经验的关系被抛进背景之中：它似乎没有假设什么，也没有停留于某处；整全似乎纯粹出自麦基洗德的诞生（Melchisedek-birth）②。关于概念的完整逻辑关联被用来呈现自我创造的过程，关于黑格尔的思想的性质以及他的成就可能带来的后果很快带来了广泛的影响。这种"方法"③在德国各地风靡一时，而许多它的支持者因误入歧途而怀抱热情甚至比被惊慌失措的袭击者施以一顿乱棍更加可悲。原始的创造日——确切地说，神圣的自我创造过程——似乎在这位纽伦堡的校长的大脑中一刻不停地重现，而且这一切都有赖他的魔法式新方法的襄助。之所以有这样的误解，是因为黑格尔习惯用醒目的形象的语言来说明他喜欢的立场。比如，他把《逻辑学》说成"对上帝的解释，就像他在自然的创造和个人的精神之前呈现他的永

---

① 正如我们所见，这部分要地责怪费希特和谢林；人物越小却犯错越重。费希特在谈到那些用他的术语说话的人时，说道："关于我与非我的讨厌的废话真的让我难受。"

② 麦基洗德无父无母（《希伯来书》7:3），所以"麦基洗德的诞生"意为凭空产生。——译者

③ 即辩证法。——译者

恒本质一样"。当然，在某种意义上，这是完全真实且不可辩驳的；但是人们担心，从他自己的那个时代到今天，这种言说使那些以最为讲究事实和经验为傲的人难以接受。这正是形而上学的迷醉，处于这种迷醉之中的人嘟囔着，并且带着忧郁而又自满的微笑逝去。这对他们来说是不幸的；与此同时，这是对黑格尔在他有生之年通过这些话获得短暂荣耀(éclat)的严厉报复。但是，那些不厌其烦地对这个体系做出更为深刻研究的人知道，一般来说，看起来最装腔作势的话掩盖了最无辜的意义。黑格尔有时并不具有运用表象(Vorstellung)——形象化和图像化的思维——语言的能力，但是很少有人更为严格地把它与概念(Begriff)的语言——哲学的或最高意义上的科学的陈述——区别开来。他尤其喜欢宗教性的表象的措辞作为哲学示例的手段，并且以我们将在后文论及的理由认为，他有权利这么使用。但是一个不带偏见的学者并不需要把不同的陈述模式混同起来。我们可以用一种在任何意义上都不会使我们脱离经验的坚实基础的方式诠释上文引用的那些话。黑格尔从自然和精神的角度为自己在《逻辑学》中对思维内容所进行的抽象活动做解释和辩护。他在为纯粹概念之思虑做辩护，这些概念既脱离了物质世界的感官现象，也脱离了运用它们的个体的有意识的生活。对黑格尔来说，这些概念是其他两个领域的坚实基础；因此，在他的眼中，最为重要的事莫过于知道它们的核心在什么地方，且它们怎样与其他的东西互相关联。它们正是理智的课题，或者用黑格尔的话说，是理性的本质或理性自身。这是这些话真正想要表达的。

第四章 黑格尔

要理解黑格尔哲学（特别是《逻辑学》），最重要的莫过于放弃不切实际的期待。它们那里其实没有什么魔法或神秘的东西。正如所有人承认的那样，《逻辑学》所处理的概念构成我们的日常思维。黑格尔对于这些概念所做的"发展"或围绕一个本原所做的整体性解释（genetic explanation）不过是它们的**体系定位**（systematic placing）。也就是说，它们被展示在与类似概念之间的关联之中，并且（用黑格尔的话说）使一个概念转为另一个概念的过渡正是被强调的重点。在《逻辑学》中，黑格尔的目的是展示，全部的理性概念构成一个有机体。换句话说，所有的概念或思维范畴之间都是不可分隔地联系在一起的，以至于如果我们单靠某一个概念来解释经验，那么就一定会犯错。之所以会出现矛盾和片面的论断，很大程度上是因为思想者没有把握住概念的内在（immanent）关联（或者用黑格尔的话说，概念的内在运动和演化）。① 宇宙，或者一切现象的总和，是可以被掌握的，想掌握它的人就必须愿意承认它们对范畴所具有的权利——必须知道它们的相对价值，并且因此把它们运用在适用于它们的领域。我们总是在只需更为丰富和更为复杂的东西就足以解决问题的地方，用更为薄弱和不完善的东西来工作，而这正是我们需要相关的知识来尽力避免的错误。黑格尔已经指出不同的关联或演化的方法具有哪些不同的特征。无论聚焦于你所喜欢的哪一个概念之上，黑格尔都会说明，这个概念包含了对它自身的否定。可以想象，你有一个简单的概念、一个未

---

① 在这种演化看来，这些关联被黑格尔称为"诸概念"（notions）；而一切概念的体系则是 Notion，也即 Begriff。

加怀疑的肯定,而你突然发现在你手下它转换成一个否定。但是黑格尔并不停留于矛盾之中,也不停留于怀疑论(当矛盾在历史中发生时这种辩证法的悬置就被称作怀疑论)之中。他只是把每一个概念的两面性看作这个概念不能独立存在的证明;我们必须对真理做出一个更为完满的表达,以为实在物的两个对立方面都找到空间。一旦开始这个过程,我们就会发现自己不能停下脚步,直至获得关于精神的意识。在某种程度上,作为自我和非我之联合的精神是一切以往之矛盾的总和与表达。但也正是因为这样,这些以往的矛盾都必须被克服,而精神(或具体的自我意识)成为我们所要寻求的解决方式。但是,黑格尔并非无缘无故地谈到概念的"劳作"。人们起初会以为只要我们一出发就会一帆风顺,因为每一个进步都是通过应用模式化的公式来达到的,但这是最为错误的判断。黑格尔并不简单地采纳前人的方法,他的方法也不是凭空从天上掉下来的。通过人类知识的一切门类中的长年辛苦劳作人们才会最终相信,其确实发现了一个普遍适用的原则。因此,因为他对普遍历史的思辨思维的整个进程极为熟悉,所以他才有材料在行动中展示方法。方法或公式只会使我们做些无益的重复,除非它来自事实的织机(looms of fact)。逻辑学的方法既是分析的又是综合的;用黑格尔自己的话说,除非"把概念和思维的整个本性带给我们",否则它就什么也不是。

  黑格尔的哲学与费希特和谢林理论的不同之处在于,黑格尔的哲学特别重视逻辑学。大体而言,黑格尔的思想更为坚实和沉稳,所以我们才会在这里分析它。但是,根据他的体系的结构，逻辑学不过是一个理想的三一体中的第一部分，而自然和精神是它的第二和第三部分。在检验了这些概念的真正本质之后，我们回头看到，这些概念转而在自然中以客观的方式呈现给我们，成为我们所说的理性的否定或"他者"。再一次地，我们从自然那里得到了自我意识的要素，后者使人对只执着于自身的"他者"不再感到陌生，且与之"重新同一起来"。研究黑格尔的人常常对这一三一体的部分之间的关系产生误解。在黑格尔看来，抽象(abstraction)困扰着日常思维，且黑格尔不停地对之进行攻击。黑格尔所说的抽象，是一种把任何部分从它与整体之间的关系之中单独拎出来且把这些部分说成完整实在性(res completae)的倾向。这里也是这样。对于这种思维习惯而言，逻辑当然是一个事实，自然是另一个，而精神是第三个。但是我们只要记住，如果来到精神之后才会出现事实，且只有诉诸精神的生命我们才可以谈论逻辑概念或谈论自然，那么我们就足可反驳这个观念。黑格尔经常提醒读者注意，绝对者仅仅作为精神而实存，以至于精神既是开端又是其体系的终结。简而言之，"完整的自我意识"是黑格尔的绝对者(他眼中唯一的事实)，而通向它的各阶段都只能是看待其实存的相对不完善的、互补的方式。黑格尔的目的不是证明绝对者的实存，更不是说明它如何产生，而是解释其生命的本性。因此，在《哲学全书》中所说的逻辑、自然和精神的演化在某种意义上绝不是事实性的；这是依照我们愿意的方式对某种作为事实而实存的东西(自我意识)所做的一种观念的分析或观念的建构。自我意识从最高层面示例了如何解决矛盾(或者说，如何统一对立面)，而辩证法正基于此。但是，对立只有作为统一的不同侧面才能够被人识得；而正如在指涉把实在性交给正题和反题的合题时，费希特的正题和反题具有一种纯然理想性的实存那样，逻辑和自然这两者同样也是对唯一实在的整体或合题的抽象。在这一方面，黑格尔引人联想地把逻辑学称为"阴影的王国"，似乎要暗示我们它只是实在性的鬼魂。也许我们按照习惯以这种方式（而不是以与黑格尔的方法相对应的先天方式）来呈现这一点（把它作为一种事实性的宇宙的鬼魂或抽象）更有助于冷静的思考。

然而，如果我们不误解黑格尔的陈述模式，那么它还是有其优点的。我们已经看到逻辑学是如何被引入《精神现象学》之中，主体与客体之间每一朵有差异的云都消散于绝对知识的透明以太中，构成主客观两侧之内容的同一个理性消解了主客观两侧。由此，黑格尔在《逻辑学》中创立起来的纯粹思维的体系呈现在我们面前。概念体系之所以如此被强调，是因为它是统一世界的要素——用黑格尔的话说，它"把我们与事物关在了一起"。与此同时，这一抽象链条的本性使我们不会想到把概念体系看作（像费希特的正题和谢林的绝对者那样）世界的实在的前提。要想象或相信某种没有谓词的某物的"实存"太容易了；但是，要知道哪些互相分隔的实存可以归于一连串的抽象概念就更难一些。因此，通往超验思辨的道路上又摆上了一个障碍。精神只在作为内在目的或理念时才具有实在性，于是有人会说，正是因为我们把自己投射到自然之中，所以才出现了思维-规定的体系。除了隐喻，这些话仅仅意味着，正如每个人所见的那样，体系本身就是一种抽象。概念把同一的要素赋予主体和客体，却没有赋予它们差异的要素；而通过把它们规定为纯粹思维，我们潜在地把它们与那些非纯粹的思维或看似非理性的东西关联了起来。因此，它们需要相互成就又相互对立。从目的论的角度来看，我们可以从精神的侧面来谈论同样的事物；因为，正如费希特充分证明的那样，生命的理念包含对立或他者的概念，后者总是与同一性脱离开来，又重新获得同一性。当我们以逻辑演化的形式说明事情的时候，"他者"必定是作为纯粹的他者或者作为思维的彻底反面而出场的。然后，演化的进一步进展就表现在它明确地承认其对立面中包含理智，直到在精神本身之中，他者性消失于同一性之中，只不过这一次这里的同一性已经是重新获得的同一性或具体的同一性。这是黑格尔口中随后的进程；据说这可能有利于把精神的本质说清楚，并且让我们更好地通过与初步的、不完整的纯粹思维和自然对比来欣赏其生命。

于是，人们会认为黑格尔哲学呈现出形而上学的圆形体系这一样貌。从在其之前的体系进入黑格尔体系的方式使我们熟悉了它所处的整体思想氛围，并且因此使我们在搞清楚黑格尔与费希特和谢林区别开了之外，不必再知道些别的细节。但是，我这么做可能会过度强调黑格尔与费希特和谢林之间的区别。尽管费希特和谢林的说法受到一些细致的批评，但可以肯定的是，如果读者在没有注释的情况下读到对这三种体系的描述，那么就会被这三种体系在实质上的一致性（而不是它们在具体层面上的微小差异）所震撼。事实上，任何有头脑的人都可以基于费希特甚至谢林的思想拼凑出一套看似能够预见所有黑格尔得出的后果。毫无疑问,这在某种程度上是因为我们是从黑格尔的角度来解读费希特和谢林的命题的。① 与此同时,主旨和基本观点上的同一性也不能被低估。当费希特从康德那里挖掘出思维的无条件性(或自我的有条件性)这一伟大原则的时候,他就已经赢得了观念论的基本概念。不管是谢林还是黑格尔都没有放弃费希特的立场;他们只不过扩展了他的意义,并且转换了他的陈述模式,因为在他们看来这种表达方式还不完善或具有误导性。而我在前文中已经试图说明,这些修改并非不重要,而黑格尔的说法是最为成熟且精确的。如果我们用黑格尔哲学的后果来评价一种趋势,那么我们就会指责费希特和谢林思想退步了,以至于会提出如此超验神秘主义的特殊公式和方法。然而,在所有的这些体系中,处理哲学问题的视角都是一样的。这种视角认为,每一种哲学的目的都是将宇宙展示为一个用理性联结起来的体系,所以哲学的原则本身必须是理性或思维。在某个方面,思维的至高无上和无所不包既是他们体系的必要前提,也是他们体系的结论。这三个哲学家都"对理性自身"怀抱超出常人的"信心",这种信心使之所向无敌,使之无法放弃把宇宙完全理性化或(用费希特的话说)把哲学呈现为一个整体的希望。对于很多人来说,这种信心似乎只是假设,但是我们应当记住,我们其实可以说,"绝对知识"理念的意识就是哲学大厦必然会完成,而我们自己并不是无所不知。我们有可能看到自己的术语包含了什么内容,但是却不能完全地实现它。我

---

① 参见哈奇森·斯特林(Hutchison Stirling)博士在这方面的论述,*Secret of Hegel*, i. 27。

们需要知道的是,知识与无所不知之间不过是程度的差别,知识本身是绝对者;或者更准确地说,绝对者是其一切内涵皆被确切表述出来的知识。所有的知识都是在用具体的方式来说明回归自身的运动,而从本质上说,通过其三分的运动,黑格尔的哲学本质上所做的就是用一种普遍的术语来说明这一回归自身的运动。我们不能走出这个圆圈,因此,黑格尔用这一全体的自身或"普遍的个体"的可见演化过程清晰明确地描绘了世界的生命,他已经努力把宇宙简单且纯粹地呈现为理智的过程。就现实的实现而言,体系可能有这样或那样的问题,可能是不完美的。他可能偶尔在一些难以解释的东西上犯难,可能对于过程的解读也时常出现错误,但是至少,他确实在相当程度上指明了通往一个完整的解释必须要走的方向。也许他本可以给出更好的规划,但是理智的本性保证了这一规划的轮廓须保持不变。即使有限的个体不能把自身完全带到使精神获得"对其存在的整体的清晰展望"的镜面装置(specular mount)之上,但在黑格尔的意义上,哲学仍旧洞察到了单是这个立足点就已经说明何为思辨的真理;换句话说,哲学洞察到了在相对于宇宙而言的秩序中(ordo ad universum),这个理念是永远实在的。

第二部分

宗教哲学

导　言

作为形而上学的哲学的使命在于，越来越准确地规定三个宏大思想对象——上帝、世界和人的定义和互相关系。而现在人们一般认为，宗教包含了关于其中至少两个——上帝与人的本性及其互相关系的特定理论。因此，哲学与宗教是且总是最为亲密地互相联结着的。换一个视角来看，当一种呈现于主观之中的宗教不再停留于最低阶段，以至于任何假装已经完全说清人与其所在的体系间关系的哲学都不能无视它的时候，宗教也就成为人类文化中一个非常普遍的标志。每一个时代的文化都从它与某些宗教观念的关系中获得它的具体形式和色彩。总体而言，文明之间的差异意味着宗教训练(religious training)的差异。在这种情况下，我们也许可以并不夸张地说，一种哲学在思虑事物时能为宗教找到多少空间，决定了这一哲学体系是否真的完善。

在基督教的时代，对教会启示学说的理性态度很大程度上决定了哲学与宗教之间的关系。人类理性可能对上帝的事物采取三种立场。

（1）神学就是要研究上帝通过一种非凡的方式向我们传达的内容，否则我们就无法获得真理，而且理性也无法对其进行判断。因此我们武断地划分出两个领域。就它们相互之间的关系而言，神学首先是至高无上的，居于立法者的位置；理性——作为信仰之婢女——仅仅是把从神学手上接过来的前提加以应用罢了。这是中世纪，信仰的时代。在此之后，我们就把理性与信仰看作两个互不相关的东西，而培根正是其中的代表。当培根的思想环球漫游来到神圣的神学（theologia sacra）的时候，他用一句话回避了这个话题："如果我们继续探讨它，那么我们必须离开人类理性的轻舟而登上教会的船。"他在其他地方还说，神性"基于上帝的意旨（placets）之上"。"在那里不能使用绝对的理性。我们总是在下棋这样的智力游戏中看到这种理性。游戏的棋子和原初的游戏规则是绝对的——且不能受到理性的检验。"总而言之，这种观点和中世纪的观点没什么两样，但是其旨趣已然不同。我们不能忽视培根以及整个伊丽莎白时代一代人的世俗精神所做的这种不虔诚的比较。[①] 但是，人们绝对不会永远地把信仰和理性看作两种东西，或像培尔（Bayle）那样进行暗含嘲讽的逢迎。之所以这种分隔是短暂的，是因为这种分隔只不过说明了人为分离的时代已然终结。长远来看，理性需要整全的人。正是因为他具有理性，所以他才能够成为被启示的主体；甚至那些最为竭力地强调这两个领域互相隔绝的人，也会不断地要求他在启示的部分运用他的理性。这仅仅是因为，在启示宗教的观念中存在着某些合情合理之处，以至于他已经让它们成为自己的东西并且继续使用它们，在其中找寻某种意义和启迪。因此，理性与宗教之间的外在关系不能持续；我们也不能用非自然和超自然之间的短暂区分来阻止理性踏足信仰

---

① 即用下棋的游戏来比拟上帝与人的关系。——译者

的领地。

（2）正是因为理性的本性就嫌恶启示宗教，所以它对后者采取了上世纪流行的思潮中常有的那种极端或纯粹消极的态度。在这里，理解力的干燥之光要照遍所有的地方；而它更是依据欺骗、野心和权谋的假说来解释实定宗教兴起的原因。宗教被认定为增加了对当下哲学之特定教条(上帝实存和灵魂不朽)的理智遵从的道德，而这种宗教被尊称为自然宗教。但是，这种枯燥干瘪的理性主义不可能经受得住本世纪末更深层次的情感之流的洗礼。人们重新对历史的或然性有了感觉，这说明"腐败和欺骗的温床衍生了人类最大的前进动力"这一假设是靠不住的。但是为了克服理性和启示之间的抽象对立，哲学需要让理性有更为宽广的范围，需要让启示有一种更为内在的意义。

（3）下面是19世纪最好的思想家们所持的第三个立场。如果不放弃之前时代的机械论哲学和非历史的批判，那么我们就不能来到这一立场。只要关于上帝及其与世界和历史的关系的自然神论观点占据主导地位，那么启示就必然意味着一种对事物的既定秩序的外部(ab extra)干扰。自然神论并不认为，把上帝与世界和人分隔开来(从而在上帝的边上设定一个与之构成短暂和偶然关系的领域)真的会让上帝变成有限的东西。对于那些把个体的自我和可感世界看作最为实在的东西的哲学家来说，这种多余的神祇越来越成为思虑事情时的点缀。在法国，这个世纪以无神论告终；而在英国和德国见多识广的人那里，对上帝的信仰已经纯然成为一种言语的形式。但是，如果个人主义被证明是不堪一击的，那么这一切都会被改变。如果必须把人解释为普遍理性在更为广阔的生命中的分享;如果人们真的认为(而非仅仅在形式上承认)历史的进程因其表达了神圣目的而得到实现,那么启示就不再是对发展之自然进程的干扰,而是在命运遭受重大危机的时候表达上帝的内在精神与人之间关系的正常方法。这种关系从未被切断,上帝也从未停止对人的激励;但是在许多时候,人们会更为具体地感受到它与我们如此之亲近。对于他们来说,人类的宗教感(其中并非不具有真实之直觉)倾向于把启示这个术语做限定;而对于我们来说,基督教的出现正是这一转折点。

莱辛最早把这个有"肥力"的观念掷入注定很快结出百倍成果的现代思想的土壤之中。尽管《论人类教育》(The Education of the Human Race)等著作中的论述并非完美无缺,但我们还是可以说,莱辛是创立了现在我们所了解的宗教哲学的人。莱辛和康德在德国一起结束了旧时代,开创了新时代。每一个开创时代的人都有两面,就像雅努斯(Janus)眼视两方一样:一面朝向过去,另一面朝向未来。如果不认识到这两个为了获得支配地位的倾向,那么就不可能从理智上读懂康德。在莱辛那里,新旧之争是更为惨烈的,它还使得莱辛一辈子都处于不安之中。当读到 18 世纪的突出代表——莱马鲁斯(Reimarus)的手稿时,莱辛感到更多的是厌恶,因此他详细阐述了为启示观念(甚至基督教信仰的某些教条)辩护的理由。但是,毕竟莱辛所面对的是一股不可忽视的力量(tour de force)[①];而当他被抛到一边且不

[①] 亦即莱马鲁斯的手稿对莱辛来说极为重要且对他形成了巨大的刺激,以至于他不得不与之对抗。——译者

受对立面的刺激时,他就容易再一次地成为他周围那些启蒙中人。但是他绝不像启蒙中人那样自鸣得意,他毕生都未获得两派人对他的完全信任;现在我们可以对他的挣扎感到同情,并且承认他是新时代的先驱。通过当下对康德和黑格尔的宗教哲学的概述,我们得以充分了解其地位和影响。由此,我们也就能马上知道,康德到底是如何看待宗教的。

第一章　康德的宗教哲学

在前文中，我们已经指出，伦理学是康德哲学的基础。也正因如此，只有把康德的宗教哲学置于与康德伦理理论的联系之中，我们才能够理解他的宗教哲学。根据康德的说法，在可感的世界中，我们自己思维的范畴和形式把我们排除在现实世界之外，而对道德律的直接意识则又把我们引回现实世界。我们很有可能在这里接受康德立场的主旨，同时认为我们可以认识可感世界中一切有待认识之物。我们不需要像康德那样把物自体说得神乎其神，即把它看作与我们所知之物完全不同的东西；但是如果我们可以通过本体来理解自在的目的这一概念的话，那么我们说感官世界不是本体也是正确的。可感世界从根本上说是现象；它为了理性而实存，且作为通向理性意识的一种手段而实存。如果我们不由此来思考自然，那么似乎就再没有什么是我们可以托付永恒价值于其上的东西了。它的形式可能永远穿梭在无意义的东西之间，而无需实现任何目的，也无需理性宣布任何目的具有自在的被实现的价值。如果没有这种自在的目的，那么对于思辨的心灵来说，实存确实就是一场徒劳的演出。从这种观点①出发，哲学可能被理智定义为对至高无上之目的的探求，进而应当为实存做出辩护——这里所谓的实

---

① 即认为存在着超越感性之自然的自在目的这一观点。——译者

存，是能使一个理性的存在者在沉思它时感到完整和持久满足的某种东西，也是理性的存在者会决绝地把个人的努力投入其进展的某种东西。感官世界的现象性可能并不会给理性提供这样的目的。它的生命的一切形式都不过是相对意义上的目的；它们的真正目的存在于它们之外。显然，在这个意义上，不可能存在多个本体。自在的目的这一概念暗示着，被如此命名的东西之所以获得这个名号，是因为一切其他目的相对而言都是基于它的，并且在它之外没有任何东西可以与之相比或者可以从属于它。为了表明各种目标被还原到一个核心概念的统一性之中，我们可能会采纳"众多自在的目的"（a plurality of ends-in-themselves）的观念。没有人会对这种本体在哪里被找到而提出质疑；理性或理性的存在者都不需要走出自身去寻求它的目的。如果理性或理性的存在者这样做了，那么我们就应该要开始一次没有希望的无尽的进程（progressus in infinitum），并且必须失望地面对一切对"何者为善——何者为善本身？"这个问题所做的回答。但是，理性是自我中心的，并且为自己确定自己的目的，甚至在这一进程之中，理性所追求的对象也像理性那样，总是命令自己成为值得被获得的东西。我们迟早不得不承认，理性必定自身支配一切目的，并且不得不如此。换句话说，对于理性来说，至高的目的一定是其自身本性的实现，除此之外其他一切都只是特殊的规定。因此，理性或理性的存在者——作为理性的东西是唯一的本体或目的自身。

一方面，我们当然可以把这描述为康德伦理学的永久后果；并且从另一方面来看，本质上这与知识批判的后果也是一样的。

正如范畴的来源不能被置于范畴之下那样，一切目的的来源本身也不能从属于它所设定的任何目的之下。纯粹自我不能被任何低级的形式所理解："它必须经由它自身来思考，而所有其他事物都必须经由它来思考。"所以，在这里，最终的、令人满足的理性的善必须是理性自身。在这两个案例中，主体都被看作高悬于事物领域之上的东西——它被看作规定者，而不是被规定者。无论在理论上还是实践上，人都承担了最后的解释原则。但是，康德观点的价值取决于它对理性的诠释，取决于理性与知识和行动的世界的关系。康德自己的体系采用了纯然形式的或抽象的方式，所以其原则也就不再是多产的。这使得康德既不可能推论一个现实的世界，也不可能推论一个关于义务的具体体系。在纯粹理性之中，统觉的统一仍旧是一种承载外来之内容的形式；同样地，伦理学所主张的必须是一种并不具体地对事物发号施令的命令，除非我们认为，理性创造性地使自身具体地呈现在世界的历史生活和制度之中。

但是，康德的伦理学立场必须以一种更为清晰的方式被言说和恰当地被理解。"理智，"他说，"具有为其自身设定目的的特权。"①自然是由机械的、化学的和生物学的规律统治的，它虽然不知道这些规律但却遵循这些规律。通过反复出现的本能，动物确立了它自身的目的，而动物本身不会离开这些自然冲动的范围。一个理性存在者的特征就在于，它是超越了一连串刺激的统治被培养起来的。理智就是从精神上实现一个普遍法则或原则的力量，而意志是相应地规定行动的力量。人正是因为

---

① *Werke*, iv. 285. 康德在这里的原话是"理性的本性"(Die vernünftige Natur)。

拥有这一对能力，才得以进化。严格地说，意志、自由、人格都被包含在最初的自我规定性之中。简而言之，它使我们知道何为善何为恶，并且使我们成为另一种不同于自然立法的主体。理智之所以被给予人，并不仅仅是使他能够更为丰富且精巧地满足他动物的欲望；事实上，在直觉（而非理性）的指引之下，人能更容易获得幸福。既然人拥有了理性，就需要在人的生活中实现另一个更高的目的。随着缰绳从自然的手中转交到我们自己这里，驾驭的责任也从自然的手中转交到我们自己这里。野兽会遵从它的直觉，这没有什么好责怪的；而人在意识的驱动之下，则通常滥用他们的直觉。理性的本质在于产生"应当"的概念，道德正是基于这种独一无二的概念；到底一种道德的或不道德的生活是否可能，取决于我们是否让其"客观法则"成为主观法则或我们意志的决定因素。理性所指定的法则与我们选择遵从或背离法则的主观自由之间的关系是道德的主题；康德在绝对命令之中阐述了这一关系所包含的义务观念。①

按照康德往常的习惯，他会开始考虑这种命令是如何可能的——它从哪里获得无可争议的权威。他在上文所述理性的视角中找到了解释。法则限制着一切理性存在者，因为这是理性本身的法则。法则中之所以有命令（表达强制）这一方面，是因为我们并不纯粹是理性的。我们具有感性的本性，并且受到感

---

① 需要注意的是，绝对命令仅仅是对各种各样关于"应当"和"不应当"的普遍承认的科学表述；康德的伦理学还陈述了使这种具有普遍约束力的命令得以可能的条件。因此，随着权利的概念变得越来越纯粹、越来越复杂，这一概念的历史也已经和康德所探索的问题没有什么关系了。道德行动是不是可能出现，作为科学的伦理学是不是由此得以可能，取决于它所假设的形式是否完善。

性规定的支配；因此我们的意志并不是神圣的，也不完全与法则相符合。然而，这不是被强加在我们身上的外在枷锁；我们服从于自己的立法。作为本体的人（或纯粹理性的存在者）立下法则；作为现象的人接受它。这是意志的自律原则，据说正是因为这一原则，康德解决了一切义务的问题。只要我们把施加法则的权威与它所诉诸的意识区隔开来，那么下命令的权利就可能出现问题。依据概念而言，所谓法则所意味的一定是每个人都可以回到自身，以便由此认识到他自己的法则。只要一个人有成为理知世界之一员的意愿（Wollen）——作为一种能够从感官的特殊决定因素中抽象出来的意愿，他就必须要有道德上之应当（Sollen）的意愿。从另一个侧面来看，这种绝对法则的概念当然也是一切行动必须以之为条件的绝对目的的概念。根据这种观点，法则的权威源于这样一个事实：我们所认识的持存常在且本质的自我需要被实现出来。在伦理学中，这个立场无异于思辨之中思维的自我条件性立场。康德说，理智为自身设定的目的不可能是一个将要实现的物质目的；因为在这里，意志将受制于某种超越它的东西。它一定是一个独立的目的（ein selbstständiger Zweck），并且"就是一切目的的主体自身"①。或者，正如他在别的地方所说的那样："人性，作为客观目的，作为法则，应当构成一切主观目的的最高限制条件。"②

这就是康德伦理建构的基础，且可能是其最有价值的部分。绝对命令，或者普遍强制性法则的纯形式，是"纯粹理性的唯一

---

① Werke, iv. 285. 他说，在这个善良意志的理念中，我们必须抽象掉"一切将要实现的目的"（von allem zu bewirkenden Zwecke）。

② Werke, iv. 279.

事实"①。这种命令的可能性的根本原因是基于自我立法的理性理念或理性意志,以及由此奠定的每一个理性的存在者都必须认可的法则。在《道德形而上学奠基》中,康德谈到了从"一切义务的命令"这个命令出发的推论。但是,这并不是说,他成功地把他关于义务的规划与他的核心原则联系在了一起。如果他更加留意作为目的的理性理念,更加专注于其行动的内容和形式的来源,那么其就可能更为有效地把特殊的东西和普遍的东西统合起来。但是,这事实上原本意味着对普遍的自我及其与世界关系的本性的重新考虑,而这正是康德完全缺乏的东西,并且甚至在他的伦理规划中我们都无法看到这一点的完整表现。正是因为普遍的自我与现象世界之间存在着分离(在这里具体体现为它与制度和习俗的历史世界之间的分离),所以后来的批判者会如此激烈地责备康德伦理学是形式主义。对于康德来说,目的概念仍旧可以因法则的纯形式而被改变。因此,在上文所引用的段落中,他把它描述为"限制性"条件——一个"必须以否定的方式被思考的,即与我们必须不做的事情相反的"目的。与之相对应,他采用的是一种不尽人意的方法,即经验性地采用具体的法则来示例他的公式,并通过与限制性条件的比较来测试这些法则。但是,我们不能通过抽象掉一切现实的目的来达到绝对的目的;我们只能通过说明一切现实目的被包含在一个概念之中来达到绝对的目的。而如果一个普遍的或本体的自我概念要获得肯定的内容,那么它必须不能与世界之中的原因

---

① *Werke*, v. 33, Das einzige Factum der reinen Vernunft.

相区隔。除了那种发展的特定形式，自我不过是统一中一个抽象的点。我们不能在他对理性的自我的抽象概念中找到一个现实的目的，因此，康德的伦理学体系最终诉诸一个本质上幸福主义的至善(summum bonum)概念。

通过绝对命令的内涵，康德获得一个他在理论理性部分已经否定了的完整的世界理论。这些内涵正是我们称为实践理性的公设的东西；而这些公设与《纯粹理性批判》中被指定为形而上学应当探究的三个理念——上帝、自由和不朽相对应。本体性的(且因而是没有终结的)灵魂的实存，在自由的因果关系的理念与说明某一现象时理性所要求的、完全被规定的一系列条件之间进行和解的可能性，以及上帝理念的实在性——这些都是康德在辩证论中各自以心理学、宇宙论和神学为标题所处理的问题。在纯粹理性的领域之中，作为本体的同一性的关于自我的理念和作为"一切经验的实在性所基于的最高且必然同一性"的上帝的理念都不过是观点(Gesichtspunkte)。也正是通过它们，理性把系统的统一性引入经验之中，它们是组织经验过程中的"范导性原则"或"形式规则"。我们仿佛把一切内感官统合进一个不变的主体之中，并且仿佛把一切主客观现象都建基于"作为最高的和完全充足的原因的一个无所不包的存在"之中。与之类似的是，在宇宙论中依据世界的范导性理念，我们行进在一个必然的因果关系的无限序列之中；但是如果需要这种概念出于其他理由必须存在的话，那么仍旧可能有一种理知的或本体性的自由与这种现象的规定并存。这种必须存在的需要来源于伦理学的侧面。康德强调，自由、灵魂不朽和上帝的实存包含于道德法则无条件的命令之中。它们是遵从这些命令所必需的条件。因此，至少就实践理性而言，它们就不再是单纯范导性的了，它们成为理性信仰(Vernunftglaube)的对象。确实，正是因为只有在伦理的基础上才能得出公设，所以这些公设不能被看作理论的教条。"道德神学，"他说，"只具有内在的用处，即只涉及我们的命运在此岸世界中的实现。"其实，如果我们把公设看作科学事实，那么就等于试图通过把我们留在这个相对的黄昏中，来挫败理性的对象；这会使得公正无私的道德意志无从可能。但是尽管如此，这种"道德信念"或"道德确定性"并不代表康德对世界的理知的统一性的明确观点。

由此被推论出来的第一个公设是关于自由的公设。其实，与其说康德把它看作一个公设，不如说把它看作一个事实。他称其为纯粹理性的一个理念，其对象是一个可被归于可知之事(scibilia)的事实。① 我们可以立即从道德法则的原初事实中推论出这一点。定言命题是一种绝对的"你应该"，而在这里，如果这个命令不会变得太过没有意义的话，那么它是"我们可以，因为我们应该"。因此，道德和自由是互为条件的；道德法则是自由的认知根据(ratio cognoscendi)，而自由是道德法则的存在根据(ratio essendi)或可能性的条件。因此，尽管现象界的每一个事件都不可避免地由先前的事件所决定，但是康德仍旧坚持认为，人在每一个行动中都具有充足的自由意志，以至于可以在服从和不服从法则之间做出选择。现象界的前因后果不能为不服从提供借口，因为时间并没有进入存在于意志和道德法则之

---

① *Werke*, v. 483.

间的直接关系的概念之中。即使一个人在过去的行为全都是坏的，但是意愿的每一个新的行动都是一个全新的开始，其间他可以在善与恶之间做出完全自由的选择。他意识到，他本可以与整个邪恶的过去一刀两断并且采取道德的行动，即使人们会把实际上发生的不道德行为看作其之前行为所呈现出来之现象的性格的必然后果。① 第二个公设是灵魂不朽。法则要求人们完全遵守它，意志只能受到它的支配；既是感性又是理性的存在者很少完全遵守法则。尽管如此，但凡命令所要求，皆为必定可能；如果一个神圣意志不能当下呈现于人性之中，那么它必须可以在一个无限的进程中或无限接近神圣性理念之下得到实现。以这种方式，伦理的定言命令为我们保证了灵魂的不朽，

---

① 我现在绝不是要追究康德的自由观有什么样的困难。为了解释上述说法，康德说："有理性的存在者对他所做出的每个违背法则的行动都有理由说，他本可以不做的，尽管行动作为现象是在过去的东西中被充分规定了的，并且也是绝对无误必然的；因为这个行动连同规定它的一切过去的东西，都属于理性存在者使自己获得这种性格的唯一现象，而按照这种性格，他作为一个独立于一切感性的原因，把那些显象的因果性本身归责于自己。"与之类似地，康德把经验性性格看作理知之物的"感官图式"（sensuous schema）。从这个段落来看，似乎在每一个行动之中，能动者都只是在重新确认使理知性格归于自身的原初的行为。这也正是谢林的想法。自由被置于一个原初的、"无时间的"行动之中，后者把一切规定性的种子都保存在自身之中。康德的说法直接导致了这种理论，也直接让叔本华把这一观点进一步地运用到他的盲目的或无意识的意志的学说。如果从科学的角度来看，我会觉得康德关于理知的自由的理论是站不住脚的。在现象与本体之间，其实并没有他所说的那种分隔，并且如果人在现象中是不自由的，那么就绝不是自由的。把人与他的"性格"——不管是理知的还是现象的——分隔开来的过程包含了一种绝不可被接受的抽象；康德似乎在追求一种不受动机之规定的虚幻的自由。与之相反，决定论者的错误同样也是把人从他的思维中抽象出来，并且把这两者之间的关系看作证明了自然界中二者之间存在机械因果性的一个实例。在这场争论中，我们需要把握的要点在于，人和他的动机是一体的，因此，他在任何地方都是自我规定的（self-determined）。康德的立场是，只要道德法则是持存常在的动机（这一动机可以被认作他的"真我"[proper self]），那么一个理性存在者就必须在一切行动中都承认他有"责任"，以此来追寻他的命运之理念（如果他有可能做到的话）。道德理想存在于人之为人的本性之中，人在打破过去之枷锁方面具有无穷的再生之力，而这正是我在康德的表述中所能看到的全部事实。

使我们能借由这种不朽而实现其要求。但是意志对法则之形式的单纯服从仅仅代表我们本性的一个方面,我们不能且不应当完全忽视的是,人具有一种现象的或感性的本性。作为感性存在者,人服从遵守道德法则的最高条件——配享(worthiness),要求获得幸福,且对他自身来说,德与福的结合才是至善。现在,道德法则要求人只在义务召唤的时候必须牺牲一切主观的欲望或倾向;它并不能使那些可能失去幸福的人获得补偿。因此,对道德上正直的意识和满足不可根除且无害的主观欲望的幸福之间存在着鸿沟。对于正直的意识本身是很稀缺的;只有在修辞的场合,拥有坦诚之心(mens conscia sibi recti)才会被等同于完全的幸福。当然,在一个伦理的立法过程中,配享幸福是首要条件;但是,从人们试图实现的、人们相信它终究存在的、完美的道德世界的视角看来,无道德之地才必然出现幸福。① 但是,在当下的分隔状态下,个人的伦理意志和自然的机械因果性的支配这两侧并没有真正做到势均力敌。从是否成功的角度来衡量的话,自然的因果规定受到我们意志的范导,而这种范导不来源于"意志的道德倾向,而来源于对自然法则的知识和利用它们来达成我们之目的的物理能力"②。如果我们不设定作为自然之创造者的上帝是实存的,不设定他的受造物的道德倾向范导着自然的因果关系,那么双方就不可能最终得以互相等同,即理性绝不可能因其实践功能而宣称自己"在道德上是

---

① 值得注意的是,幸福(Glückseligkeit)被康德定义为"在广度(就偏好的多样而言)上,深度(就偏好的程度而言)上,以及绵延度(就偏好的存续时间而言)上,我们一切偏好(Neigungen)的满足"。Werke, iii. 532.

② Werke, v. 119.

必要的"。而第三个也是最后一个公设建成了康德伦理神学的大厦。换句话说,在包含于定言命令中完善的伦理立法的理念中,存在着感性领域和理性的实践目的之间最终和谐的理念。虽然道德法则本身并未对幸福有所许诺,但是它要求我们实现这种最高善,并把它作为"一切行为的最后对象"。但是如果没有上帝这一观念的独立实存(作为道德完善与完善的赐福的联合),那么就不可能事实上达致这种对象或目的。对于康德而言,上帝,作为"最高的原初的善",是此岸之中完善的德最终能够与完善的福相协调的原因,因此他是至善的必要条件。①

艾德曼(Erdman)指出,三大批判与伦理神学(或者包含在道德理性公设中的理性信仰的体系)有密切的关系。康德以此来替代理性神学或他所推翻的学院的独断的形而上学。在对伦理目的论体系所做的最后分析中,我们可以看到康德对世界的统一和统治的终极看法。只有在思考了康德宗教哲学之后,我们才可以进行批判,因为康德宗教哲学与他所制定的伦理学规划有最密切的联系。

康德让我们免于依靠散乱各处的文献来拼凑他的宗教哲学。他在一部独立的著作中阐明了他认为真正宗教必须包含哪些内容的看法,而从德国宗教哲学发展历程的角度来看这部著作所占据的位置的话,我们有理由把它看作与三大批判同等重要。

---

① 康德把作为最高的"独立的"或"原初的"善的上帝的实存和作为"世界之中最高的可能的善"的至善的实存区别开来。参见 Werke, iii. 535, v. 135, 138。从思辨的角度来看,一方面,我们可以说,这种区分也就是实在的理念和同一的理念在时间中的现实化的过程之间的区分;但另一方面,康德并不以这种密切的方式连接两者,上帝仅仅是原因,并且本身仍旧是一个纯粹的抽象或机械降神(deus ex machina)。

我们所说的这部著作就是《纯然理性界限内的宗教》。① 要阐明真正的或绝对的宗教，就必然需要说明世界上不同的实定宗教与真正的宗教真理之间的关系。康德对于实定宗教之功能的看法以及在此联系之中他对主要基督教学说的解释，构成这本书中最有意思和最为重要的部分。他表达伦理宗教的立场时所采用的语言，始终都在参照基督教会基于圣书的理论体系。

在序言中，康德说明了他眼中宗教与道德之间的关系。他说，道德必然导致宗教，两者之间的连接点是至善以及实现它的道德统治者的概念。我们已经看到，目的必须不规定意志。尽管如此，如果没有从正直中得出某些与之相关的概念，那么我们就不可能有任何伦理行动；并且，在关于生命问题的完整理论之中，正如宗教一向所宣称的那样，万物的终结或最终原因的概念必然占据重要的地位。② 事实上，哲学目的论和伦理学的内容是一样的；但是后者解决的是伦理意识本身及其在定言命令中的基础，而前者——从理智的角度以哲学目的论的方式表达出来的宗教——预设了这种意识，并且专注于道德的形而上学内涵，因为实践理性把它们显现于它的公设之中。尽管有这种态度上的差别，但是根据康德的说法，"宗教仪式"的全部目的也还是道德的或实践的，并且当我们在阐明时绝不能忽视这一点。我们对于上帝的本性一无所知，除非比如他的属性（和

---

① *Die Religion innerhalb der Grenzen der blossen Vernunft. Werke*, vi. 95 – 301.

② 在这里，这一伦理理念被宽泛地称作"万物的终结"（Endzweck aller Dinge），而康德把它作为将对目的的指涉（作为自由的基础）与自然的目的论观点连接起来的唯一手段。康德的特点在于，在接下来的两页中，他把这一理念的必然性看作一种对"不可避免的人的界限及其实践理性之能力"的屈尊俯就。

他的行动)对我们的行为产生影响。因此,康德的宗教就是其伦理学的写照;但是,道德与其说是从个体意识的视角出发的,不如说是从承认个体是其中一部分的神圣的伦理体系出发的。这种承认(连同它的所有暗示)构成宗教意识(而不是纯粹的伦理意识)的独特标记,以至于康德的宗教理论经常被总结为(这种总结也对也不对):宗教就是承认和履行作为上帝意志的义务。

  这本书的第一篇一上来就把康德置于18世纪从容的乐观主义特征的对立面,也把他置于人们称为光明(Illumination)或启蒙的一般运动的对立面。它的题名是《论恶的原则与善的原则的共居或论人性中的根本恶》。康德开始就谈到关于人性和历史的两个针锋相对理论之间的互相制衡。第一个理论主张,世界处于罪恶之中,并且越来越坏;第二个他称为"英雄的"理论在历史的进程中看到一种连续的改善,因为健康的人的本能会自然地发展。通过说明人的本性既善又恶,康德打算协调这两个互相冲突的假说。首先,他解释了他的术语是什么意思。正如亚里士多德告诉我们的那样,一个人有什么样的道德品质,并不取决于他本人的行动有怎样的品质,而取决于依据理性从行动推导出来的意图有怎样的品质。在康德的术语中,当为一个人的行为提供指引的准则(maxim)是坏的之时,这个人就是坏的。现在,恶的原因——如果人要为此负责(并且道德之恶的概念本身产生了这一责任)——一定出在人本身之中。因此,如果说一个人本性上就是坏的,那么人就不能把自己的责任推卸到一些不可避免的偏见之上。在讨论道德问题时,我们没有离开自由的根据。恶的原因一定是,人们自由地接纳了一种基本的准则或意愿的原则。这样一个选择的根据或动机当然仍旧是不可解释的，因为我们不能背弃自由的行动。但是要记住的一点是，如果真的存在偏见，那么首先一定是自由的行动使得意志具有这种偏见。与此同时，如果我们发现，人的普遍特征是把一个特定的准则接纳为伦理选择的一个潜在原则，那么也许人性中与生俱来的天赋正是接纳这一或善或恶准则的原因。之所以说它是天生的，是因为在人有机会于经验中运用其自由之前，意志就一定已经使自身充满偏见。因此，我们可以用"意向"（Gesinnung）这一更令人熟知的术语来称呼"第一个主观理由"；并且，即使特定的伦理准则本身被自由地接纳了，它也一定明确地对时间中我们的一整串行为产生了影响。

因此，如果人性的意向本身应该表现出一种"向恶的习性"（Hang zum Böse），那么这种习性就值得被称为自然的，即使正如我已经解释的那样，人们一定会认为，它的主要方面不过是康德所说的"偏离道德法则之准则的可能性的主观理由"。之所以意志偏离了法则，一定是因为意志依从了其他准则，而这一准则又与先前潜在服从的准则直接相反；而这导致道德法则不能持久地成为行为的公理——康德恰如其分地引用《圣经》的话，把这种无能称作"邪恶之心"。现在，对这一邪恶之心的接纳被描述为我们自己的行为，但是它却已经明确地被宣布为先于一切行为。因此，"行动"（act）这个词在这里一定要被理解为两种不同的意义；而康德致力于解释，趋恶意向的根源——作为经验的一切不道德行为的形式条件——一定是一种"理知的行为，仅仅通过理性就可以认识到，不受任何时间条件的制约"。就像无法把我们本性中的任何基本属性归于一个原因一样，我们也无法把意愿的最高准则的颓败归于一个原因；但是我们可以再次用教会的语言，把它称作原初恶（peccatum originarium）的行动。在人类心灵中恶的根源问题明显不是时间中的根源问题，时间与意志的概念或道德变化的概念无关。事实上，在时间中寻找自由行动的原因不同于在自然中寻找事件的原因。伦理变化的原因一定是伦理的，因而，它只存在于意志本身之中。因此，问题被限定在道德意义上坏的事情的理性根源（Vernunftursprung）。也就是说，罪恶的实存仅仅被当作一个事实，而与时间无涉，并且我们所寻求的，正是思维中联结这种人类意志的状态和完全遵从道德法则的正常（因而在逻辑上是先在的）状态所必需的理性纽带。从伦理的角度来看，在意志中发生的从一种状态来到另一种状态的过程必定呈现为一种直接的过渡。人会直接从无罪的状态来到做道德上坏的行为的状态，而从伦理的立场来看，每一个在道德上坏的行为都无非如此的失足行为。道德法则把每一个行动判定为一种自由的原初运用，并且没法在人过去的罪恶中找到有利自身的借口，即使正如我们所说，这可能已经成为他所谓的第二天性。《圣经》把这种"理知的"对完善法则的背离称作人的堕落。作为一个严格的伦理事实，它独立于时间的考量之外。它可能被看作发生在每一个非道德行为之中，或者作为人性的普遍特征；它可能被看作只发生一次。"在亚当那里，所有人都犯了罪。"根据康德的说法，如果我们不管叙事形式上的差异，那么我们可以说《创世记》中所有说法都与伦理分析相吻合，甚至在关于蛇这个引诱人犯罪的精灵的细节中，我们可以看到，在一个本性为善的被造物中，罪的根源永远无法得到解释。

因此，通过协调一开始所提到的两种人性观，康德主张，人身上存在一种极端恶。当人虽然意识到一种必遵从的法则，但还是把对这种法律的偶尔偏离作为行为准则时，恶就出现了。我们从人的感性本性中找不到恶的根据，我们也从作为其根源的自然冲动中找不到恶的根据。它们本身并不与恶直接相关，我们也并不保证它们真的在我们内心实存。① 我们也无法从伦理意义上立法理性的败坏之中找到恶的根源。这种败坏会使人处于一种完全邪恶的状态，但是，没有人可以完全违背道德法则，这属于不可抑止的人类本性。我们必须从人的理性和感性本性之间的关系中，寻找解决恶的问题的办法。如果感性本性（它本身不具有危害）不为他提供其他非道德的行动诱因，那么道德法则就会绝对地在他的行为中占据统治优势。所谓邪恶之心，关键就在于其颠倒了存在于这两种动机之间的伦理优先秩序。那些使伦理意义上服从的纯粹动机从属于"倾向的动机"（我们可以把它归类于幸福这个通名之下）的人——就其理知性格而言——是坏的，即使他在行动中展现出的经验性格可能是无可指摘的。一切恶的根源在于，人为了满足个人欲望而暗中偶尔偏离法则的准则。"这种恶是根本的，因为它败坏了一切准则的根据，同时它作为自然倾向也是不能借助于人力铲除的，因为只有借助善的准则才会实现；而既然假定所有准则的最高主观根据都是

---

① 正如康德所说，我们并不必须以血肉之躯对抗那些执政的和掌权的；根据他的诠释，我们是在与影响我们一切意愿之准则的无形力量相对抗。

败坏了的,这就是无法实现的了。"①

"但尽管如此,"康德继续说道,"这种倾向必然是能够克服的,因为它毕竟是在作为自由行动的存在者的人身上发现的。"这是下一个要出现的问题。因此,如何让一个天性邪恶的人变得善良呢?在道德方面,一个人是什么样的或将变得什么样,都一定是他自己造成的;然而,一棵腐朽的树怎么能结出好果子呢?这是我们无法理解的;但是我们必须要理解它,因为道德法则必须要发挥作用。可喜的是,这棵树并没有完全腐朽,否则就不可能完成这一任务。道德法则仍旧与我们同在,而我们永远会保持对包含在道德法则中的道德观念的敏感。我们需要做的,是使法则重新回归凌驾于其他行为动机之上的至高无上位置。但是正如我们所看到的,任何逐渐改善的过程并不能影响这种重新回归。一切准则的至高无上的主观根据必须被改变,或者换句话说,人必须在他心灵的精神中被重塑。道德准则从败坏到纯粹的过程事实上包含了一场与罪的原初行动同样极端的革命;在不可扭转的坚定信念指引之下,人必须"浪子回头"。主体正是因为在自身之中引发了这一革命,所以才在伦理上成为一个新的被造物,并且从那一刻起,上帝接受了他,把他看作善的且对他感到满意。这一改变被比作《圣经》所说的心灵的改变或新生。道德教育必须从这一点出发;因为一切进步的可能性都来源于当时人们所采用的基本行动原则,尽管我们对之通常半知半解。如果这个人不经历新生,那么逼迫他履行

---

① *Werke*, vi. 131.

特殊的义务就是徒劳的，我们踩在像沙子一样会下陷的地基之上。人们很难在这里洞察到这种重新回归的可能性，正如人们很难在与道德命令似乎和陈规旧习发生冲突的其他地方洞察到这种可能性一样。但是那并不意味着重新回归在现实中无可能。我们不能独断地运用人类意志自然堕落的原则来排除重生的可能，它的伦理功能只是在预先警告我们，目前的情况并不对头——自然状态虽然看起来是非常无害的，但是从伦理学的角度来看却是不好的；相反地，一个徒劳无益的教条主张会把道德生活扼杀在萌芽状态。无论如何，即使没有"更高程度上的合作"就无法出现心灵的改变，一切真正的宗教却都教导我们，只有尽其所能的人（那些没有埋没他才能的人）才会得到这种神圣的恩典。"因此，并不是每个人都必须知道上帝为他的救赎做了什么；对于他来说，最重要的是知道，为使这种帮助变得有价值，他自己必须要做什么。"

通过道德法则表现出来的人身上原初的善和在他身上呈现出来的恶的倾向之间的斗争是这本书的第二篇的主要内容。康德把第二篇命名为《论善的原则与恶的原则围绕人类的统治权所进行的斗争》。基督教《圣经》把人身上的两个原则之间的"这种理知的道德关系"表现为争夺对它的支配权的、外在的人或力量之间的关系。由于堕落，恶灵看起来就像这个世界的王。但是在黑暗的王国之中，仍存在着作为对"第一所有者的不可取消的权利"之纪念的犹太教神权政体。其追随者相信，在犹太民族中有一个人宣称自己是真正的人，与此同时，他也是一个原初的天真无邪、没有受到其他人的先祖与恶的原则缔结条约之玷污的

117

人。"这个世界的王在他里面毫无所有。"通过彻底抵制诱惑,他向恶的原则及其相关的一切作为宣战。在其生理的方面,这场战争不可能不以他的死亡而告终,因为他赤手空拳来攻击一个王国。但是他的死亡本身最终是"善的原则的体现,即处于道德上的完善之中的、作为后世榜样适用于每一个人的人性的体现"。黑暗王国仍旧存在着,但是那些死亡所树立的榜样战胜了黑暗王国的权势。康德解释道,"凡信他的名的人",也就是那些以他为榜样并在自身之中同样也成功地战胜恶的人,不会再畏惧过去所犯的罪责。在他们自身之上开始了一场新生,并且砸毁了旧有的枷锁,他们被赋予成为上帝之子的力量。

根据康德的说法,我们只需剥去这种叙述的"神秘外衣",就能认识到其中的伦理内容对所有时代都是有效和必需的。那么,余下的就是看他对"精神和理性意义"的解释。首先,如果不贬低其可能的历史性真理,那么叙事形式本身就在道德关系的陈述中消失了。"善的原则并不只是在某一特定时期降临,而是在人类的起源开始,以一种无形的方式降临人类身上。"一个完全神圣的道德理想与感性本性一道存在于人心之中就足以证明这一点。康德高调地宣布,只有通过人,或者讲得更宽泛一点,通过理性存在者的道德完善,世界才得以成为神的旨意和创造的目的。在源初之时,这个完美人性的理念与上帝同在,而正是通过它——或者为了它的实现——万物才被创造出来。简而言之,它是上帝所欢喜的独子。把自身提升为人性的这个理想和原型是我们的义务;而正是因为这一点,理念自身呈现在我们的内心之中(好像它是从上天降临下来似的),赋予我们力量。我们并不反对，理想必然会像福音书的历史中所描绘的那样具身化于我们身上；但是，在实践方面，理念的实在性不同于它的榜样。榜样之原型总是必须在我们自己的理性中被找到。康德进一步说："如果不假设它被实体化在一个具体的人之中，那么我们就无法理解它的在场。"与此同时，如果这一具有神圣心灵的老师真的出现了，那么他将会依据真理谈论自己，就好像善的理想被他现实地呈现出来那样；因为通过这种表达，他只谈论了规范其行为的精神。必须要引起注意的是，耶稣基督的"心灵"，应该也是我们的"心灵"。在最高的正义眼中，在所有时代和所有世界中的所有人都因这种生命的精神（即理想的人性，不管它是不是在确定的个人中得到实现）而得到完全的满足。通过使我们自己与这种完美心灵相一致，我们把旧的心灵放在一旁，并且净化了我们准则的基础。《圣经》确实说得对，"你们应该效法天父，像他那样完美"，而在我们与对上帝完善意志的遵从之间有万里之遥；所以，在行动之中，这种理想的公义仍旧是可望而不可即的。但是，上帝是心灵的探寻者，并且把道德生活的无限进步直接看作一个完整的整体，因此他把道德净化的倾向（而非行为）作为一切善由之而得以发展的萌芽，从而接受了它。完善之人的公义被归于我们，并弥补了我们的缺点。

但是，正是因为在这一点上与神圣正义的原则之间和解之后又出现了特定的困难，所以这使康德又更为具体地讨论了这个问题。上帝之所以会接受新的内心，是因为它最为热诚地在善的方面不断进步，以至于他乐意将它等同于人们在内心中坚持的完美的公义。但是即使人在改变内心之后没有欠下新的账，但是从正义的角度来看，旧账还未偿还。在避免未来的犯罪方面，他所做的不过是他的本分，而永远尽其义务也不会产生多余的功绩来弥补他以往生活中所犯下的罪（sin）。被他已然抛弃的罪恶的内心或倾向，就像败坏的泉源一样，本身包含无限的过错，因此他需要对其进行无限的惩罚。罪的债务也是一切义务中最个人化的一个，并且在任何情况下都必须由罪人自己偿还。但是上帝不会厌弃因上述原因而坚持善念的人，人如何在因悔改和新的内心而完全释罪的同时，承担起这一惩罚呢？康德通过分析已然发生的道德改变的概念回答了这个问题。我们需要注意的是，人类行为的基本原则已经改变，以至于在伦理的意义上，他事实上已经是一个新人。虽然从生理的角度而言，他仍旧是同一个人，但是在神圣的法官眼中，他已经是另一个人了。用《圣经》的话说，改变就在于离开旧人和他的行为，转而做一个新人。新人始终保持着完全恭顺的精神，欢欣鼓舞地承受其间所包含的牺牲（肉体被钉在十字架上）和人类今生不可避免的苦难（旧人可能从宗教的角度认为，这是因他不恭顺而受到的惩罚），而没有不情愿地把它看作愤怒的上帝降下的怒火。存在于其中的圣子的纯粹心灵代替他承担起对他过去之罪的惩罚，用苦难和死来救赎他，并且最终来到法官面前做起他的辩护人。或者说，如果理念是人格化的，那么我们可以说，是圣子自身做了这一切。这两种表达的唯一区别是，如果我们接纳了人格化的形式，那么新人每天都在经历的那种死亡看起来就成了人类之代表所遭遇的一劳永逸的死亡。这样一来，正义的诉求就得到了满足,因为新人为此所要做的事情不再是单纯地准时履行职责。与此同时,由于道德上的完善人性的理想只在我们这里作为内心的既定目的而存在,所以这种功绩通过恩典的行为而计入我们的账户之中。

但是,那些已经经历过这种拯救之改变的人不需要再过分地受到他内心深处这种不完善的(或仅仅处于萌芽状态的)善的性格的困扰。这些人绝不允许自己因对倒退的持续恐惧而遭受折磨,他必须在过度自信和懦弱地不相信自己会真心悔改之间保持恰当的平衡。只有过去足够坚忍不拔且不断进步,他才有可能有好的未来。因此,如果一个人在诚实地回顾自己的行为时,能够说他的悔改经得起检验,那么在他面前的前景将是同样幸福进步的无尽未来。相反,如果他总是重新堕入罪恶,或者向更坏的方面沉沦,那么同样地他将会面对无穷无尽的悲惨未来。一方面,天堂的视角给予前者冷静和力量;而另一方面,对地狱的恐惧唤起了后者的良知,使之能随时遏止罪恶。① 人的倾向不可能一成不变,即使它是一成不变的,对道德而言也无甚好处;但是当许多挫折可能使我们极度焦虑时,一种善良而又纯粹的倾向使我们对自己的持存常在抱持信心,并扮演了某

---

① 一方面,我们可以看到,康德在这里强调关于来生的幸福或痛苦的永恒状态的流行观点到底在伦理学上有怎样的好处。另一方面,他在一个长长的注释中指出,同样的观点如果变成独断的教条会有怎样的坏处。这同样也适用于"此生终结之时,必要算总账"这个学说。他说,这个理论具有明显的实践效用。它能够使人深深地意识到当下的悔改和善行的重要性,但是它对独断之真理的主张则如前者那样不属于人类理性的范畴。"简而言之,"他得出结论说,"如果我们把判断限制在范导性的实践运用范围之内,而不把它扩展到对我们不可能洞察的超感性客体的认识的建构性原则之上,那么,人的智慧就可以更好地处理许多问题;对我们根本不了解的东西的所谓知识,并不会养成一种毫无根据的推理技巧,后者即使在一段时间内小小得逞,但最后毕竟会有伤德性。"参见 *Werke*, vi. 164–166。

种安慰剂的角色。

因此这本书的前两篇陈述了伦理宗教的主要学说,并把这种信条等同于加尔文宗基督教的主要教条。康德的方法是首先对伦理立场做与时俱进的处理,然后通过对基督教《圣经》中的故事做一种譬喻式的解读,来展示它与教会各种学说多么一致。但是毋庸讳言,他在之前从未以此书中的方式来陈述伦理的真理,因为他发现,已经有人采用了这种论说方案,而且这种做法在此领域极为常见。从刚刚我们所思考的为代罪学说(the doctrines of Substitution)和圣徒的坚忍(Perseverance of the Saints)做伦理解释的艰苦尝试中,尤其可以看到这一点。可以说,自始至终教义都是万事之本,因而它也就被或成功或不太成功地譬喻为某种伦理的真理。一切努力的目的无非从一种对基督教文献普遍接受的诠释中抽离出某种道德和纯粹理性的意义。① 就目前来看,这就是康德对实定宗教的立场,而我们已经把它作为一份过往的遗产而接受。这本书的余下两篇致力于说明实定、公开确立的信条和道德信念之间的关系为何,或者更为具体地说,致力于说明前者如何服务于后者。

第三篇从个人内部的道德冲突谈起,最终落脚于善的原则

---

① 除了前文已叙的学说,为了完整地把事情说清楚,可能最好还是谈一谈康德对三位一体的诠释。对于他来说,三位一体学说代表着在神性之中圣洁、仁爱与正义三者的联合;他认为,从道德的视角来看,通过这三重权能来沉思上帝的意涵是有用的,因为这迫使我们总是把任何一种属性看作受他者之限定和影响的东西。这使我们无法把他看作一个仅仅依照其个人好恶来进行统治的尘世的专制君主,也无法把他看作一个软弱地听任不具道德改革基础的恳求的人。因此,我们对他的侍奉被清除了极易附着其上的人类学要素。康德把上帝观念中的这三重性与国家观念中的立法、行政与司法之间的区隔进行了比较。在他看来,这种情况似乎说明了在如此多的宗教中都出现这种观念的原因。但是,还是应该进一步指出,当人们在谈论"人性的理念是真正的圣子"时,就已经潜在地抱持了一种更具生机的三位一体观念。

的最终胜利,而善的原则的最终胜利只能在一个个人目的不再受其同类干扰的伦理共同体之中得到实现。就其理念而言,这样一个所有人都服从于同样之道德法则的共同体是普遍的、无所不包的;这样的共同体的建立将意味着"上帝的国在地上的建立"①。其必然性是显而易见的:在伦理的"自然状态"中,人与人互相隔绝、目的冲突,从而个人即使怀抱着最善的意图,也会如同"恶的工具"那样行动;因此,放弃这种状态并成为一个伦理共同体的一员是每个人的义务。这种联合对于善的完全胜利来说是必不可少的,因此每个人都有责任在自己和他人身上取得这种胜利。这个伦理共同体的理念即上帝子民的理念,而在上帝子民看来,美德的法则被视作来自一个完美圣洁且探求其国民的心意(以至于对其国民之最为隐秘的性情也了如指掌)的立法者。事实上,建立上帝国是一桩可以仅靠上帝就可实现的事业。但是,人必须不能无所作为;相反地,这时候正如一切伦理问题一样,"他必须像一切都取决于他自己那样行事"。

上帝子民的理念来到人这里便以教会的形式呈现出来。人建立起来的教会可以被称作可见的教会,与之不同的是不可见的普遍的教会(或者所有正直的人在道德统治宇宙中的理想联合体)。唯有通过前文所述的纯粹信仰(der reine Religionsglaube)才能建立起一个普遍的教会。只有其内容是纯然理性的、不依赖历史事实的那些学说才能得到普遍的认同。但是,历史证明了,人类想要用感官(可以在某种程度上作为理性理念之凭证的、经

---

① 因此,第三篇的标题是《善的原则对恶的原则的胜利与上帝的国在地上的建立》("The victory of the good principle over the evil, and the foundation of a Kingdom of God upon earth")。

验的某些事实)来把握某物的自然需求最终有效地使人们无法基于这种纯然理性的信仰建立教会。我们很难说服人们始终过一种道德意义上的善的生活是上帝对人的要求,也很难说服人们相信,在他们履行对自己和他人的义务时,他们就是在"忠贞地侍奉上帝"。他们坚持把上帝看作需要臣民赞颂和服从的世俗君主。由此,出现了一种仪礼或崇拜(cultus)的宗教(一种侍奉上帝的宗教[eine gottesdienstliche Religion])的观念。无涉道德的行为甚至变得比对义务的履行更加重要,因为这些行为是应该为上帝做的事情。因此,我们总是发现,除了道德信条,一套法定或实定的命令也应该源于神圣的意志。每个人都可以通过他自己的理性来听取道德的命令,而道德的命令使人完全且充分地崇拜上帝。但是,无可否认,只要人还要成为一个伦理共同体的一员,就必须增加一套法定的命令;而这蕴含着一种启示的形式,即历史性信仰的形式,它与纯粹理性的信仰相反,我们可以称之为教会信仰(Kirchenglaube)。经验告诉我们,最能安全地存放这种额外信仰的地方莫过于一部圣书。但是,人们总是通过这样或那样的方式发现,教会信仰如同领受了自然之旨意那般早于纯粹信仰出现。在人类建构伦理共同体的过程中,教会信仰充当了介绍与宣传纯粹信仰之载体的角色。

  然而,如果这是我们必须适应的事实之一,[①] 那么问题就来了:既然教会声称自己是某种特殊启示的受托人,那么理性应该对这一说法持何种态度?康德用彻底的批判态度回答了这个

[①] 固然康德对不可避免之事做了许多无关宏旨的妥协,但是其中仍存在不少多少显得可笑的让步:"因此,一旦下面这种情况是不可改变的……"

问题：既反对自然主义又反对超自然主义的理性主义。就像自然主义者一样，纯粹的理性主义者并不否认启示的可能性，他甚至随时可以承认启示对于介绍真正的宗教来说的必要性。但是他并不像超自然主义者那样，相信这种超自然的根源及其附属物是拯救信念的一个本质部分。因此，根源问题因其超越于批判理性范围之外且毫无实际意义而被搁置。归根到底，不应该依据根源（而应该依据内容）来判断一种宗教；它是不是能够成为一种普遍的宗教，取决于它的内容是否可以与理性揭示的道德信念相一致。正如我们所见的那样，康德要写这本书的部分原因就在于呈现基督教中的这种一致性。在这方面，他引入了一个看似参考了莱辛《论人类教育》之核心思想的区别。他说，客观上（或就其内容而言）是自然宗教的宗教却可能在主观上（或就其首次出现的状态而言）被称为启示。既然宗教的本性在于，人们原本可能且应当自愿地运用自己的理性来达到目的，但是如果仅凭人自己就不能如此早且如此普遍地达到目的，那么就没有人可以反对启示这个词。① 自此之后，康德不再谈论这个问题，而我们可以推论（如果我们想要这么做的话），这就是他对基督教根源问题的个人观点。很明显，只要宗教存在，且被公认为一种自然或理性的信仰，那么他就可以把一种宗教的主观启示性（subjective revealedness）看作一个不太重要的问题。

只要一种宗教在客观上是一种启示，也就是说，只要它包含偶然或非理性的因素，那么在康德看来，它就必定受到时间、空间和地域的限制，且注定消失。我们不能轻视这种实定信条

---

① Werke, vi. 254.

的价值，它们充当了真的宗教之理念的载体，并且它们不应当受到粗鲁且草率的攻击。① 相反地，我们有义务善用我们周围人所普遍接受的历史性的教会信仰。但是，我们必须在实践或伦理意义上彻底重新诠释"经验性的信仰"。我们对教会信条的理论部分不感兴趣，除非它能帮助我们认识到我们的义务是神圣的意志，且帮助我们一丝不苟地履行义务。解经的最高原则是，所有的经文对于教训、督责、使人归正等，都是有益的。对启示相关的文本进行的诠释往往显得很勉强；不，这种诠释往往可能真的很勉强。但是，只要解经者没有假装他附加在流行信仰及其圣书的象征物之上的道德意味就是作者所要表达的本意，那么我们就不会把这些诠释看作不诚实的。② 除了这种符合理性旨趣的诠释，"有教养的"或历史的诠释当然也可以对其地位做出主张，即作为在特定的时间和空间内将教会信仰系统化为一个明确的组织的必要条件。但是历史信仰"本身是僵死的"；只有通过符合伦理的解经的、相对容易的启示，我们才能相信历史信仰真的具有神圣的根源。事实上，历史信仰无论如何都不过是把我们导向纯粹宗教的一条学步带(leading-string)，并且人们应该在意识到它不过如此的时候才使用它。那样的教会是一个真正的教会，其信条包含了不断地接近这一纯粹信仰的原则，从而使我们最终能够不再依赖这样的学步带。

---

① 正如康德在另一个注释中所说的那样："所有的教派，就它们的形式都是可怜的凡人在尘世将上帝之国感性化的尝试而言，都理应得到同样的尊重；但如果它们把(在一个可见的教会中)体现这一理念视为事情本身，就都理应受到同样的责难。"Werke, vi. 274, n.

② 在这方面，康德赞许地提到了古典时代晚期出现的对异教神话的哲学譬喻化诠释；因为这些哲学寓言化的呈现的确与他对《圣经》教义做的一些诠释极为相似。

康德继续说，正是"赦免的信仰"(saving faith)包含如下两项内容，从而使得他在前两篇中已经说过的内容可以重新生效。这两项内容是对赎罪的信仰以及对通过坚持过善的生活来寻求上帝之接受的信仰。康德再次指出，只有在对救赎做出理论解释时，我们才必然需要一种对赎罪或(在上文已经解释过的意义上)代罪的信仰；然而在第二项内容之下的无条件的命令使人类生活的改善成为赦免的信仰的最高原则。但是就第一项内容而言，只要信仰还被限定在完美人性的理念之上，那么它本身就是伦理的；而这两项内容代表了"同一个实践理念"，依据这个理念，我们可以从两个相反的方面来思考圣洁生活的标准。但是，如果这项内容所指的是对伦理理想终究在特定个人之上的历史中实现的经验性信仰，那么就是另外一回事了。通过这种形式，这种观念就与所有宗教中都有的、非道德的抵罪观念紧密地联系在了一起。"但是在神人关系之中，"康德说，"赦免的信仰的恰当对象并非感官所能领会的，也不是通过经验可以知道的，而是存在于我们的理性之中的原型。"他由此得出结论：自然发展的一个必然后果是，宗教应该逐渐地"摆脱所有经验性的规定根据，摆脱所有以历史为基础的、借助一种教会信仰暂时地为促进善而把人们联合起来的规章。这样，纯粹的宗教信仰最终将统治所有的人，'以便上帝就是一切中的一切'……圣洁的传说及其附属物、规章和诫命的学步带，在当时曾做出过杰出的贡献，但逐渐成为多余的。最终，当人进入青年时代，它就成了桎梏。'只要他还是孩子，其聪慧就如同孩子，而既然他长大成人，就丢弃了孩子气的事情'"①。

在考虑这个历史上全世界宗教都在经历的过程时，康德聚焦到基督教这里。很显然，他没有在人类的其他信仰中看到与基督教同样的发展。我们有必要特别注意的是，他着重地否定了基督教和基督教会之间的任何关联。犹太宗教的政治和实定方面、它所表现出来的民族排他性以及缺乏对灵魂不朽的提及，都促使康德无法公正地对待希伯来人必然拥有的宗教因素。他把基督教的第一批传道者将新的信仰与具有历史传统的犹太教联系起来时所付出的努力看作急于在一个充满偏见和排他性的种族传播他们原则的人会自然采取的权宜之计，但是他认为这些权宜之计本身并不能证明些什么。在康德眼中，真实的基督教历史是鲜为人知的。它的出处并不明晰，因为当时"有教养的公众"并没有提及它；因此，我们不知道它的教义对其早期教父产生了怎样的影响。但是它更为晚近的历史（如东西罗马帝国、十字军东征和教皇野心勃勃的阴谋）"很可能证明了这样的感叹是正确的——'宗教竟会诱发如此多的恶'（Tantum religio potuit suadere malorum）"。建立在历史信仰之上是基督教不可逃避的命运；但是，基督教建立的"真正的初衷"显然是"引入一种不存在任何不同意见的、纯粹的宗教信仰"。如果人们问在整个已知的教会历史中哪个时期是最好的，那么康德会毫不犹豫地回答：当下。普遍的教会已经在冲破它所受到的特殊体系的束缚。为了支撑其观点，康德举出的例子有普遍的教会已经在广泛地劝导人们用一种谦和与宽容的态度来面对启示宗教的宣称，同时

---

① *Werke*, vi. 219.

它也坚定地相信，伦理是一切的核心。如果这些原则普遍地得到承认，那么上帝国也就到来了（在神圣的记述中，这被千禧年学说描述为世界的末日）。但是普遍的教会不会以暴力和革命的方式到来，它是渐进式改革和成熟之反思的结果。"上帝国的到来无法由观察而得知。"我们无法从经验上看到这一发展的终结，① 但我们必须从理智上把自己看作上帝国的公民。"看呐，上帝国就在你们心里。"

第四篇"论善的原则统治下的侍奉和伪侍奉，或论宗教与教权制"更多是附录性质的；而其中大多数重要内容已经在之前预告过了。康德的目标主要是把以道德生活为表现形式的对上帝的纯粹侍奉与作为规章体系的自然衍生物的伪侍奉对立起来。他坚持认为基督教与道德宗教在本质上是同一的；并且，通过不断提及基督在福音书中的教诲，他几乎不费吹灰之力就表明了这些教诲只与心灵和生命的纯洁相关。根据康德的说法，即使在适用于犹太教传统的表达形式之中，也有"一种普遍可理解和普遍令人信服的宗教学说"闪耀其间。但是，基督与最早传道者所采用的"随机指点"（episodic means of recommendation）方式却被神学家抬高为信仰的基本条款，就好像"每个基督徒都是一个其弥赛亚已经降临的犹太人"。教会的博士们试图赋予基督教以规章的性质，但这却使得宗教创始人的意图落空。一旦宗教

---

① 事实上，在另一个地方的注释中，康德将普遍的教会的理念看作理性的理念，这种理念永远不可能实现，但它作为一个"实践的范导性原则"是不可或缺的。每一个教会，就像每一个王国一样，都在努力寻求普遍的统治；但是，当它似乎以一种公平的方式来实现其主张的时候，一种解体的原则就总是会显示出来，从而将它重新拆分成不同的教派。

被如此设想，那么它就是滋生有关上帝侍奉之错误观念的自然土壤。如果人们想通过正义感的道德意识之外的方式来赢得上帝青睐，那么这种观念就是伪侍奉。不管持这种观念的人是自己进行祭祀、责罚和朝圣，还是通过仪礼、庄严的节日甚至（如在希腊和罗马时的那种）公共游戏的方式，都不改其为伪侍奉的本质。有些事情是专门为上帝做的，以证明我们是完全服从他的意志的，并诱使他以慈爱之眼关照他的仆人。通常情况下，越无用的行动，越被认为有效。这种侍奉的隐秘动机是希望对指引人类命运的不可见力量产生影响，使之对我们有利。因此，它从始至终都是物神崇拜：人认为自己可以影响上帝，因此可以把他作为在世界中生效的一种手段。与此相反，真正的宗教教导我们，除了培养一种尽责的倾向，我们无需再做什么。人只要有这种倾向，那么即使他在行使正义时有任何缺憾，无上的智慧也会无所保留地以某种方式襄助，而到底如何做到这一点则并不重要。简而言之，一切都取决于道德和对上帝的侍奉这两个观念是如何排序的。我们必须始于德性，终于不断地通过服从上帝的意志来侍奉上帝这一义务的概念，否则，我们就会使上帝本身成为一个偶像。

第二章　对康德立场的批评与向黑格尔的过渡

康德对宗教的处理有两点与启蒙运动的宗旨不同：第一点，他承认实定的信条在引导人走向真正信仰方面起到了重要作用；第二点，他拒斥与宗教的天赋相抵触的、悠然自得的乐观主义。从精神层面上，启蒙运动是极度地非历史性的，并且在大多数情况下，都认为神职者的权谋和欺骗就是实定宗教的根源。因此，对它来说，关于历史信念的教义、符号和圣书都只能阻碍人认识到事情的真相。它们是不得不除的杂草；而当基础被清理干净之后，自然的或理性的宗教教义才能自由地发展。不管人到了哪里，都仍旧是人；历史不能改变其理性的本质特征，而理性通过自然之光向其揭示了上帝的存在和灵魂的不朽。对这一信条的任何扩展都是迷信，并点燃了本世纪偶像崇拜的热情。因此，启蒙运动总是对历史性宗教亦即历史性的基督教持一种攻击性的态度；启蒙运动对它的态度是纯粹否定性的。康德的宗教哲学虽然在许多方面都有缺陷，但它代表了与这种启蒙精神的决裂，也昭示了类似某种历史感的东西的曙光。

一开始，作为祭司和立法者之圈套的机械论宗教观就被明确放弃了。实定的或规章的宗教被认作引导着种族去实现上帝国的学步带。如果人类要达到这个目的，那么这一学步带就是必要的，而某种必要的手段当然有理由被视为神圣的旨意。这意味着我们在用一种完全不同的语气来批判历史性的系统,它们不再是可以被粗暴地忽视的主观妄想;正是把它们作为阶梯,人类精神才来到目前这样的高度。它们可能不完美地表达了纯粹宗教,并且掺杂了许多错误,但我们不能轻蔑地把这一曾为思想的童年时代服务且可能仍为我们许多同胞服务的阶梯踢到一边。康德并不喜欢破坏性的批评,他自己其实并不坚持教会教义的字面意义;相反地,他在这些问题上与启蒙运动的结论没有什么不同。但是对于他来说,当时的人们纷纷对宗教进行否定性批判(如沃尔芬比特尔[Wolfenbüttel]残篇中所呈现的那样)并且兴高采烈地驳斥奇迹和揭露《圣经》叙事中的前后矛盾时,似乎都过于强调历史性的层面了。康德的整个目的是把他认为的基督教真正和永恒的内涵与那些真理最初向世界显现时所着的"外衣"相分离。正如我们所看到的那样,他自己的诠释法则完全是伦理性的,而所有神圣著作的原意或历史准确性的问题,都被简单地抛到了一边。"如果某种东西,无论怎样理解都无助于使我们成为更好的人,那么,我们便切勿对它及其历史威望哓哓争辩。……那种与此没有对每一个人都有效的内在关系的历史知识,属于每一个人都可以随其喜好来对待的中性物($\dot{\alpha}\delta\iota\acute{\alpha}\varphi o\rho\alpha$)。"[1]他总是带着某种轻蔑的态度谈论那些只是"通过《圣经》来无意义地增长我们的历史知识"并且把宗教的真理置于历史证明之上的对待《圣经》的模式。事实上,康德最明确地表达出来的一点是,一旦我们掌握了真正的宗教及其所依据的理性基础,那么就没有必要在《圣经》的叙事及其流行诠释方面争

---

[1] *Werke*, vi.137, 注释。

论不休了。他把这一点特别地应用到奇迹这一案例上,这是普通的理性主义的困难之处(crux)。比如他说,基督教神迹可能都是真的,对基督教神迹的说法作保的启示的神迹也可能是真的。"我们尽可以让它们全都有自己的价值根据,甚至也敬重那种曾用来使一个学说公开流行的外壳。这个教义的可信性,建立在一个原始文献不可磨灭地保存在每一个灵魂之中并且不需要任何奇迹的基础上。"① 然而,奇迹所具有的这种理论上的可能性与我们现在所理解的宗教之间并没有任何关系。宗教因为依赖奇迹的证实而受到他的贬低,而从实践的角度,他还语带讥讽地指出,这种对于奇迹的信仰是无害的,因为理性的人绝不允许在人的日常生活中有一再出现这种现象的可能。但是,正因为历史性的东西在他眼中如此不重要,所以康德不赞成对圣书的内容进行无用或肆意的攻击。"最合理和最公正的就是,把这部已经存在的《圣经》继续用作教会课程的基础读本。"② 当然,可以理解的是,在这么做的过程中,我们努力将其真正宗教性的一面呈现出来,并让偶然的东西尽可能地消失在视线中。我们会看到,黑格尔也持这种态度,且以非常类似的理由为自己的立场辩护。

康德与 18 世纪观点不同的另一点是,他不再以乐观主义的态度面对生活与人性。这同时使他更加接近一个与众不同的宗教立场。人们常说,宗教的要义在于不轻易地对当下感到满意,不轻易地相信一切都很顺利。正是需要对命运的残酷谜团做出

---

① *Werke*, vi. 181.
② *Werke*, 231.

某些解释，才驱使人走向宗教；而尽管宗教要颂扬上帝之意旨必将取得胜利，所以必然是乐观主义的，但是当下的痛苦与错误是一个基本要素。宗教的根源甚至可以说是一种对当下罪恶与痛苦的意识。正如康德所说，人类的意识似乎本能地把痛苦与罪恶联系在一起，当不幸降临到人身上时，人就会像受到自然的触动那样立即审视自己，看看自己因犯了什么罪行才领受这般责罚。宗教正是起源于这种内省引发的罪的意识，因为野蛮人一定会认为，是自己的一些疏忽或过失使他惹怒了他的神，而他下一步的动作就会是想办法弥补他所犯的罪。野蛮人所做的精神分析也许是错误的，而他的赎罪可能也是不道德的，但他的行为所涉及的观念正是宗教的萌芽。宗教总是向内部寻求解释，而宗教意识所发出的朴素的声音则无一例外地是一种极度没有价值的呼喊。人被迫承认对他的惩罚是公正的，并且承认他甚至其实没有权利享受他现在所享有的这么多幸福和康乐。宗教所独有的罪的观念包含了比做错事更多的东西。错误的行为是外在的，其应用是合法的；或者说，如果允许把它表达出来，那么它就是一个有限的概念。每个行为都被单独地看待，并且被与某个外部的标准相比较，但是宗教并不承认这种区隔，因为它完全在一个向内的或精神的领域中活动。行动——即使单个行动——是整个性格的表现，因此关于罪，不可能有衡量的标准，人只能看到他的整个存在从神圣的东西中无限异化出去，那么一个绝望的问题就来了：人怎么能在上帝面前称义？换句话说，罪的意识就是需求和解或赎罪的意识。罪与和解这两个双生概念是所有特别宗教的根源，但是这两个观念在18世纪就被搁置了,而且我们必然不能彻底理解宗教意识及其在历史性宗教中的表现。18世纪的人相信,人总体来说还是善的,而18世纪的上帝是一种"善的上帝"(bon Dieu),以至于这样的上帝打心底里不想做一个苛刻的主人。因此,当康德强调人的天性并不是善的,反而是人的意志中存在根本的污点时,这个论断就不可谓不重要了。

然而,我们不可能认为康德的处理方式(不管是处理恶的原因的方式,还是解释救赎之本性的方式)是完全令人满意的。他在诠释教会教义时总是非常琐碎,这部分是由于他极为倾向以过于详细的方式来实现他的计划;部分是由于他以一种极为精致且以法律为标准的方式来构思基督教理论,以至于把这一点当作他的行动基础。因此,尽管没有人会怀疑伦理性诠释的精巧程度,但是这(而非其合理性)恰恰是最能打动读者的品质。当然,为了找到某种价值,对宗教的诠释必须是伦理性的;但是康德的理论之所以不具有说服力,是因为他把伦理学与形而上学分隔开了。因此,伦理问题似乎只是个人的问题,且要由个人自己来解决,而后果就是,康德似乎不把他自己的建构看作至关重要的,偶尔还展现出一种把它全部抛到风中的倾向,并且随意地返回纯然的道德命令之中。在这些方面,黑格尔的宗教哲学虽然本质上是基于康德宗教哲学的,但却比后者有更为明显的优势——它拥有对宗教来说至关重要的形而上学背景。黑格尔的宗教哲学在某种意义上甚至可以说是作者思想的中心。

在罪的这一重要问题上,我认为必须承认,康德用来解释罪的根源的、关于"理知的行动"的理论既神秘又不可理解。把

"行动"这个词说成无时间性的是没有用的,因为我们无法在时间这个方面之外,思考"行动"这个词以及原初的恶的概念。然而在某种程度上,我们也许认为,康德在这里之所以要采取这种言说方式,是因为他不希望他的说法与教会用以呈现人类意识中恶的必然意涵的叙事形式有太大不同。在描述自己不是在寻求恶在时间中的根源,而是其理性根源(Vernunftsprüng)的时候,他似乎要表明的是,他并不意在说明一个源初被认为善的生物如何变成恶的,而是意在说明恶在本质上是如何与人类意志的概念联系在一起的。把这本书中关于堕落的理论与他在1786年一篇题为《人类历史揣测的开端》的小论文中对于摩西故事的联想式解释进行比较,我们就可以证实这一结论。① 失乐园在那里被解释为从单纯的动物性到人性的转变,"从本能的学步车过渡到理性的引导"。一开始理性所经历的进程是"对于类来说从较坏向较好的这种进程,但对于个人来说就非如此了。在理性觉醒之前还没有诫命或者禁令,因而还没有逾越;但是,当理性开始自己的工作,并且无论怎样孱弱也与动物性及其全部力量发生冲突时,就必定产生灾祸,而且更糟糕的是,鉴于开化了的理性而产生恶习,它们对于无知状态因而对于无辜状态来说是完全陌生的。无知状态是一种无辜状态……因此,自然的历史从善开始,因为它是上帝的作品;自由的历史从恶开始,因为它是人的作品。对在运用其自由时只关注自己的个人来说,发生这样一种变化时有所损失;对把自己有关人的目的集中在类上面的自然来说,这样一种变化却是收获。"因此,从

---

① Muthmasslicher Anfang der Menschengeschichte, *Werke*, iv. 312-329.

动物的无辜状态的堕落同时也是理性自由生活的可能性条件,而由于在这种能力中人性是世界唯一有"价值"的东西(或者用康德的话来说,是神圣法令唯一可能的对象),所以堕落似乎看起来是那个目的的一个必要部分,并且是相对前述阶段而言的一个进步。然而,它的本质是对自我的主张,是设定了自然为动物设定的目的之外的目的。因此,严格意义上说,它被视为一种绝对的自由或个人的行动,因为自由的最初形式是任意的自私。因此,责任与恶的意识是不可分割地联系在一起的,其中一个只有通过另一个才有可能存在。无论我们是否选择把"理知的行动"等同于从本能到理性的过渡,康德所表述的事实也只是恶必然包含在道德意识之中。事实毕竟是我们必须坚持的;正如我们无法建构假定的理知的行动一样,我们也无法从本能中现实地生发出理性和道德。可以说,如果人(或动物)意识到自己在千秋万代之后仍负责任的话,那么他必须在原始行动之前就负起道德责任。意识在任何阶段都不能被视为某种后天产生的东西。简而言之,在哲学中,绝对开端的理念并没有任何地位,因为哲学并不处理一连串的事件;它处理的是这些事件所隐含的概念,并满足于展示其中的一个概念如何与另一个概念乃至所有其他概念相联系。这里的问题是恶的意识与善的意识之间的关系为何,以及恶的意识与人类进步的整个结构之间的关系为何。无论从单纯的自然生活到理性生活的过渡是否事实上发生,理性与感性之间的关系都可以成为道德的基础。在黑格尔那里,我们发现了与《揣测的开端》中的观念实质上相同的观点,并且其中还结合了同样奇怪的对《圣经》故事的譬喻化呈现。通过这种包含在神圣目的中的（从哲学角度说，在上帝中的永远完整的）和解概念，他能够在不诉诸康德矫揉造作的代罪学说的情况下，为历史性基督教的主要信条赋予更为生动的意义。

康德的整个宗教理论受制于他的批判立场。宗教的中心思想是上帝观念，宗教中的其他内涵都最终会回归这个中心思想；也正是在这里，我们最能清楚地看到批判如何瓦解于康德自己手上。我们必须记住，尽管康德为构建一种新的神学提供了充足的材料，但是他从来没有真正跨越老式机械论的自然神论建构。根据这个概念，上帝本身就是一种不受制于任何必然关系的存在，但他被认为运用"意志""创造了"世界，且用它创造了有限的理智。这种创造的方式或意义没有得到解释，从而对它的主张也变成了说说而已。这也就意味着，理性在寻求单个事物的原因时扩展了它的范围，并且以询问事物的总体结构之原因的方式告终。作为一种暂时的满足，这种因果关系被抛回一个为此目的（in hunc effectum）而被预设的存在，并且因为其权能而被称为伟大的第一因。称呼他为最高存在或绝对存在也没有让我们更多地了解他的性质的信息，而我们总是会发现，自然神论宣称具有的上帝的推理知识会被缩减为对上帝存在的单纯主张。康德在《纯粹理性批判》中反驳了任何完成这种自然神论的上帝存在证明的可能性，而我们必须承认，在这方面，他与其他人所提出的论证都可谓不易之论——尽管只是在这方面它算得上不易之论。以他著名的一百块钱的例子来说吧，我可能有一个一百块钱的观念，但是我的口袋也许空空如也。康德认为，同样地，我们可能有一个关于上帝的观念，但这还远远不能像本体论证明的支持者希望我们相信的那样，证明一个与我的观念相对存在的客观实存。显然，康德的推理是否有效，取决于上帝多大程度上与一百块钱是相似的。如果上帝就像一百块钱一样是一个可以与我分离的存在或事物，那么肯定不能从观念推出实在。自然神论以这种方式把上帝置于远处，因此，自然神论也就能认同康德所举的例子。但是，如果上帝在任何意义上都不可能是一个事物或对象，那么上帝的观念很可能同时也是他的真实实存。如果上帝的观念与意识本身不可分离（事实上，它完美地综合了一切关于上帝之潜在形式的意识），那么这种"在思维中"的实存似乎尽可能地给予了所有事物以实在性。事实上，除非我们决心将上帝物化为我们当下或未来之感官的对象，否则这就是我们可以谈论的唯一实存。如果我们用这一观念来取代自然神论的概念，那么就会发现，单个自相矛盾的第一因的观念必须被转换成最终因或终点的观念。换言之，寻求整个宇宙之原因的做法是荒唐的，我们只能说，宇宙是实存的。但是，尽管我们不能指定一个原因（cause），但是在某种意义上，可能存在一个理由（reason）。如果这个理由是可以被发现的，那么我们就会在宇宙所实现的观念中发现这个理由。于是，这个观念就是宇宙的目的或者存在的理由（raison d'être）或"意义"。因为"目的"这个词必定不能被用来表明一种理念与其现实实现之间的（精心谋划下的）分离。

然而，从康德时代开始，这种神圣实存的概念就已经被人明确地提了出来，因此它并不妨碍他的推理过程。根据康德的说法，即使在纯粹理性的领域，上帝仍旧是不可认识且得不到

144 证明的。但是康德并不止于此；因为正如我们所看到的那样，上帝的实存是实践理性的预设，而且，它恰恰是在旧的自然神论的意义上被预设的。诚然，确实存在着这样的保留条款，即就我们而言，在伦理基础上达成的东西只具有一种伦理的内容，并且只用于伦理旨趣。因此，对费希特来说，这个概念立即就成了宇宙之道德秩序的同义词。但是康德本着最赤裸裸的个人主义精神，把道德秩序设想为最终协调福与德的东西，而上帝则纯粹成了实现这种德福一致的机械降神。这一想法之忤逆无礼是显而易见的，因为在其谋划之中上帝被当作具体的人实现幸福的手段。当然，一旦如此，上帝就被披上道德立法者的外衣，但上帝之所以被引入正是出于刚刚说的原因。康德承认，通过本体自我的概念，法则及其权威得到了充分的解释，因而在康德的谋划之中，作为上帝意志的关于义务的知识似乎有点多余地把我们已经拥有的东西又重复了一遍。事实上，如果我们设想得不错的话，那么本体的自我立法的自我就与上帝的意志相一致，且没有为任何无关的神留下空间。但是，我们无法从康德理论中找到任何用彻底机械论的观念来解读这一权衡德福关系之力量的文字。这也使得许多人全盘否定他的伦理学，并认为对知识论进行批判性怀疑的康德才是真正的康德。康德在道德领域并非不忠于他的方法，有缺陷的是他的方法本身。

145 我们可以很容易地承认，批判立场的最大优点是使独断论形而上学关于超验实在的虚假知识破产了。但是康德主义的弱点是，超验实在的灵魂无法得到安放，我们无法看到它，但是人们却认为它仍旧在知识的另一端徘徊。超验思辨的诱惑是无法被完全消除的,除非有一种哲学能够将经验视为一个整体,并在现实的综合中看到思辨所达致的真正意义上的客体得到了实现。在广义上说,我们所知道的黑格尔主义至少是一种完整的、圆满的哲学尝试,并且在其中使康德那恼人的二元论烟消云散。在康德看来,上帝和人的观念仍是如此之互相排斥,以至于人在历史上所做成的事情似乎必然都没有上帝参与其中。相反,上帝就像手从云端伸出突然插入人类事务的网络般做成像启示那样的事情,因此,才会有自然主义与超自然主义之间的对立,也才会有不明所以(non liquet)这一批判理性最后做出的宣言。通过把历史的历程看作上帝的工作,并且不断地揭示他的本性与目的,黑格尔主义废除了康德的对立。现在,我们要非常简短地从这个立足点出发来勾勒(而非详尽地阐述)黑格尔宗教哲学的一些主要特征。

我们可以这样简要地把黑格尔的形而上学立场与康德的形而上学区别开来:在后来的哲学中,思维被认为是绝对的或自洽的;换句话说,它是一切对立都只在其中互相相关的统一体。因此,思维构成可知宇宙的一切差异的源头,甚至是个体自我和与之相关的客观世界之间的差别的源头。思维本身成为哲学的对象,而对超越且出离于思维的某种"实在"事物的探索则被明确放弃了。此后,哲学的任务就是阐释属于思想之本性的差别,而对黑格尔来说,这一任务亦即"对上帝的阐释"。

因此,哲学与宗教有共同的对象,因为宗教的目标始终是规定上帝的本性,以及规定上帝在个人与世界中的目的。我们不能否认宗教的这种形而上学特征而把它简单地作为一套经验性的行为规则。"从世界之初到今天,"费希特说,"宗教无论采取什么形式,本质上都是形而上学的。"换句话说,这是最终之综合的需求,哲学与宗教都在努力满足这种需求——区别只在于,一个主要是在理智方面,另一个主要是在心灵和生命方面。宗教如若不能理解上帝使一切事物顺从于自身而做的工作,那么这种需求就得不到满足。在或多或少地探寻了世界中的不完善和错误之后,宗教总是会提出一些概念或理论,以此作为解决那些日复一日地困扰我们的矛盾的方案。这些概念可能足以——也可能不足以——根据不同的情况应对具体的困难。但是正是这种概念的出现,给宗教带来了道德本身所缺乏的喜乐与信心。在我们这个时代,宗教已经被定位为"被情感所触动的道德"。作者所运用的这个定义既引人遐想,又美丽动人,但仍有必要探究一下情感的来源。我认为,这是来自某种整体性的世界观,也就是说,或明确或不明确地来自一种形而上学的概念。正是主体把自己与一种神圣的世界秩序相同一,使体验者超脱时间之障碍与阻碍的宗教情感才得以诞生。没有这一点,主体就是一个徒劳地与其本性的邪恶做斗争(也有可能与周围环境痛苦地做斗争)的原子。主体要在斗争中获得成功,就必须相信他并不孤独,或者用宗教的语言来说,上帝是站在他一边的,以至于没有什么能最终反对他。他必须把原先只是期待在自己和他人身上获得的胜利看作必定会实现的——事实上,必须看作已经在上帝的永恒目的中实现了的。在某种意义上,这种信念所带来的和平本身就是那种胜利在个体身上的实现,亦即他在当下与上帝的和解。这也是可以提供给道德的最强大动力。

第二章　对康德立场的批评与向黑格尔的过渡

康德本人也无法把宗教的形而上学方面彻底消除，尽管他认为只有在对"救赎进行理论解释"时才需要这么做，并且他总是回过头来表达他对关于正确行为的朴素的宗教是多么偏爱。通过作为创造目的（一个在上帝之中实现且注定要在人身上实现的目的）的道德完善的概念和作为表达这一理念的全体之统一（corporate unity）的教会概念，康德把世界表现为一个伦理的整体，在其中人们为了个人和此刻所犯的罪进行赎罪。这一点在黑格尔那里体现得更加突出。[①] 一切宗教都希望实现与上帝的和解；根据黑格尔的说法，已完成和解的事实是最深刻的宗教真理。基督宗教就是要揭示这一点，它同时也是哲学最深刻的洞见，因为它表达了精神之本质。真的宗教也是真的哲学；因为正如黑格尔所说，"绝对的内容"必须是相同的。精神的概念并不意味着矛盾的缺席，因为矛盾的缺席就意味着绝对的同一性，这也就相当于纯粹的虚无，而解决矛盾之策就在于展示自己的统一性中所具有的对立面。精神凭差异而生，但在一切差异之中，它仍然与自身相同一。黑格尔说，在基督宗教中，上帝首先作为灵魂（Spirit）为人所知，而这就是三位一体核心教义的意义。上帝三位一体的规定并不像启蒙所认为的那样，是指三这个数字，"三位一体是上帝的本性"才是正确的理解，而对于自然神论的自由思想来说很容易接受的、把上帝理解为抽象单位的看法则是致命的。这一所谓的上帝本身与纯粹任意的且仅仅把理性当作一个支点（point d'appui）的世界有联系。他只不过是

[①] 黑格尔的《宗教哲学讲演录》被收录在《黑格尔著作集》的第十一和十二卷，但是他的几乎每一部著作都提到了宗教。

我们口中的一个名字；我们对他的本性一无所知，因为他本身就没什么是可以让人知道的。根据黑格尔的说法，说上帝是不可知的，就等于说他是最高的存在。上帝不能脱离世界而被认识，他不能被说成脱离这个参照物而实存。"没有世界，上帝就不会是上帝。""上帝是世界的创造者；它属于他的存在，属于他的本质，属于创造者……此外，他是创造者并不是一个一劳永逸的行为，理念中的东西是理念自身的永恒的环节和规定。"①黑格尔进一步说，三位一体学说所要表达的是，上帝从永恒之中生出了一个子，或者说，他永恒地在他的子身上产生自己。但即使这样把他从他自身那里绝对离异或区别开来，两者也还是完美地同一的；作为父与子的统一体的关于上帝的知识就是关于作为灵或作为三位一体之上帝的他的知识。圣灵（Holy Ghost）是"永恒的爱"，它表达了这种统一性——这种不包含任何差异的区别。这是作为世界生命之源泉的"静止的奥秘"。它可以用其他方式表达，即通过说绝对者必须创造有限精神之世界来表达。在最严格的意义上，上帝正是这种自我启示。人对上帝来说是必需之物，就好像上帝对人也是必需之物一样。精神的真正无限性实现于有限中的无限亦即无限中的有限的知识中，或者如基督教所说，灵实现于上帝与人的同一之中，上帝就是这种永恒的过程或历史。

但是，到目前为止，我们似乎都还没有空间来处理作为宗教之主观根源的人与上帝之间的隔阂和疏离。如果没有疏离，那么就不会有一般意义上的和解。我们当然可以反对黑格尔的

---

① Hegel, *Werke*, xii. 181. (*Philosophie der Religion*, vol. ii)

上述论述,即认为他花了太多不必要的功夫解释"区别不是差异"这一观念。正如黑格尔在《精神现象学》中所说的,如果没有"否定的严肃性、痛苦、耐心和劳作",那么作为自爱之游戏的神圣生活也会变得无味(即使这种神圣生活是真的)。首先,从神圣的角度看待宇宙的概念,用黑格尔的术语来说,事实上这一概念就是理念。其次,从关系的人的方面,即在历史中出现的理念,在这里,世界并不是因其理想的完整性而被视为与上帝永恒的且本质同一的子,而是被视为关系的他者性得到恰当之强调的世界。在这里,我们有了作为他者的他者;(关于自然和有限精神的)世界作为某种独立于上帝而存在的某物出现,且本身是自由的。黑格尔以极具其个人特征的方式补充道,要知道是否有自由和安然的理念,就看它是否允许这种不损害其终极综合的相对独立性得以存在。然而,他多多少少有点不知道如何找到从完善的子过渡到不完善的世界的动机。因为,我们当然有必要假设,即使有自由也会存在分裂的缺陷和不完善;我们需要做的是对"当下这个邪恶的世界"做出解释。这就是黑格尔最接近谢林的地方。他似乎把一种堕落(Abfall)或原始的叛教(apostasy)当作事物之有限体系的根源,而正如柏拉图不能进行清晰的思考时就会诉诸神话的形式那样,我们也发现黑格尔又回到雅各布·波默(Jacob Böhme)那里。他引用波默的话说,最早降生的是承载光明的路西法,他是光明的,是无罪的;但路西法使自己迷失于他的想象之中,且要求自己获得独立,于是他就堕落了。"因此,我们进入了空间、有限世界、有限精神的规定。"至少,在这里我们再次看到黑格尔的自满之处。整个过程让读者很容易想到谢林《哲学与宗教》(*Philosophy and Religion*)里的小论文,而这一点我在上文已经提到,所以此处不再展开。① 但黑格尔只提及了这一点,而最终结果也只是得出这样一个结论:有限的世界是由对差异的形式之坚持造成的。就这种有限性或差异之实存而言,统一性的恢复似乎是在时间中的一个过程,即某种需要被逐渐完成的东西。这里也就恰当地出现了和解的需求,而随着这种需求的出现,理念也就出现了。

和解只能实现于精神领域之中;而因为宗教只存在于与人或有限的精神的关系之中,所以我们可以把注意力集中于黑格尔此处对异化的诠释方式之上。"这里是善与恶冲突的地方,也是这种冲突必须决出胜负的地方。"② 至于其他方面,我们知道,自然是精神的舞台或领域,但是当人第一次出现在那个舞台上时,他就只是自然的一部分。人在自然状态下是动物欲望的综合体,以至于当动物欲望出现时,他会依次地满足这些欲望。但是,人的本质或命运决定了他必须变得智慧或自由;因此,如果他仅仅作为一个单纯的自然人而存在,那么这本身就不符合他的本质,从而就是邪恶的。自然或"直接"的状态仅仅是一个起点,它会被抛在后面。意识使人认识到"是"与"应当"之间的断裂,而且随着知识的产生,罪也产生了。众所周知,在这个方面,黑格尔在其著作的许多地方都给堕落做出了诠释。黑格尔认为,在这里,恶与知识之间的关系是极为重要的。在单纯的自然状态中时,人曾是恶的,即他并没有成为他应该是的

---

① 参见前文第 65 页。
② *Werke*, xii. 62,

那个人；但是随着意识出现，他知道了他是恶的，正是因为他认识到了他的状态，他才得以摆脱这种状态，而如果他继续处于这种状态，那么他也就必须为之负责了。不要在这种状态下继续下去是人接受到的"绝对要求"，尽管开始时刚刚觉醒的意志只是在想如何完全放纵人的动物欲望，但人们越来越相信事情不应该是这样的。换句话说，人原本与欲望的自然基础相同一，意识使得主体与这个欲望的自然基础发生分裂，而这种分裂意味着，（从长远来看）人认识到，从对自然个体需求的单纯满足之中，我们无法找到真正的意志或自我。它意味着人认识到一种更为理性的自我，认识到一种实现它的义务，并且也认识到自己永远无法达到目的。（也是从长远来看）自然人与他必然视为其本质或命运的东西之间的隔阂是某种无限痛苦的来源，而宗教正诞生自痛苦和无价值感之中，并伴随以和解的概念。

黑格尔通过转向历史来验证他的论点。宗教所说的罪的意识，指的是人所具有的未能实现其使命的感觉，以及由此产生的与自己真实的善相背离的痛苦。这种意识在人的心中不断加深；在世界上出现的各种宗教之中，没有一种宗教能够疗救这种意识。只要还未被治愈，就有必要理解最深层次的痛苦，因为在成功解决矛盾之前必须将其推至极致是一种人们普遍使用的原则。宗教意识也是如此。在"时机成熟"且和解的话语可以被说出之前，抛弃与绝望在罗马世界来到最深重的境地，人们对现存的世界深感不满，所以在斯多亚主义和类似的体系中，试图通过完全退回自己的内心来逃避现实。但是这种逃离现实世界的行为不可能拯救世界，它本身仅仅是在承认自己处于困窘的境地。与世界相关是我的义务；斯多亚主义放弃了这种义务，所以仍然不具有价值。注定要改变世界的原则也有另一面："我不求你叫他们离开世界，只求你保佑他们脱离那恶者。"基督向六神无主的人类悄声传来上帝临近的消息，新的和解的意识从无价值感与无助感之中涌现出来。人虽然具有各种不完美，但仍然是上帝所爱的对象。只要人愿意剥离让人痛苦的个体性并相信上帝，上帝就是和解的。只要他愿意在世界之中找到自己，并在其光芒中快乐地工作，那么这个世界就有了胜利的目标。随着人从其内心深处获得确证，他也就能因与一个总是无法达到的目标完成本质统一而变得心态平和。如果他能积极感受到与作为其生命实质或要素的上帝的统一，那么相较之下，他主观上的弱点和缺点就根本不算什么了。

事实上，和解仍旧必须在个体生命和普遍历史的舞台上进行。我们知道，不被付诸实现的信仰是僵死的，它是一种无法在现实中得到体现的理念，但是如果人从一个合适的有利地位为信仰而奋斗，那么信仰就一定存在。因此，基督教宣扬，上帝在世界与他自身之间所做的和解是事实或永恒的真理，而这成为个人的前提条件——它是某种通过他的奋斗而"已经完成"的东西。这种已完成的和解是教会或基督教团体（Gemeinde）的基础；教会的教义正是要宣扬这种和解，而教会本身就是真理的外在表现。因此，主体与救赎问题之间有什么样的关系，是由他出生或不出生在基督教团体的范围之内决定的。这一点在教会的洗礼圣事中得到了体现：洗礼通过象征的方式表达了孩子并不出生于一个敌对的世界，表达了他的世界从一开始就是基于和解意识之上的教会。就其概念而言，教会是一个已经真正克服了恶的社会，因此在这里，个人可以免于以往的痛苦冲突和被遗弃的悲惨境地。教会提供的教育为他铺平了道路，而在各个方面，他都在更为有利的条件下尝试处理个人问题。圣餐礼或晚餐的圣事是教会生活最后和最庄严的表达，在其间，教会赞美其对当下和解的感觉，赞美主体与上帝有意识的统一。

但只要这种统一仅在教会中实现，那么教会与世界之间就仍然存在着对立。在这种情况下，教会可以说代表了和解的理念而不是和解的现实，因为它所面对的是一个不能把自身原则运用其上的敌对力量。这种对立是中世纪基督教的独特标志，在其中，基督教更像一种对世界的逃避而不是世界对上帝的服从。禁欲和贫穷是教会的美德，它指责世界不够圣洁，而且正是因为它给世界加上了污名，所以世界也确实变得不圣洁。如果谁随意摆弄受诅咒之物，那么人的良知就判决其有罪，但这种不健康的二元论并不能持久，而最后，教会也落到世俗的精神手中。然而，这与其说是普遍的腐败，还不如说是真正的和解概念出现的标志，而现代生活正建基于此。宗教改革否定了作为中世纪之标志的教会、世界与世俗生活之间的二元论，家庭和国家的关系重获了它们本该具有的神圣性；或者说，它们的神圣性第一次被有意识地实现了。在理性或自由之国家的法律和习俗中，教会首先通过其原则渗透现实世界。国家是"真正的和解，在其作用之下，神圣的东西在现实领域中实现了其自身"。当然，我们必须不能用这种在世界中实现的最后阶段来取代宗教的向内功能(inward function);① 但我们在这里承认，黑格尔时常回归的这一点是有道理的。正如他在《历史哲学》(*Philosophy of History*)中所说的，"国家是存在于地球上的神圣理念"。现代世界的世俗生活是由基督教建立的，它基于真正基督教对人的尊严和权利的概念。因此，世俗的东西本身就是神圣的。在黑格尔看来，这既是新教的原则，也是思维的最后原则。

从他试图在自己的哲学立场和基督教会的主要教义之间建立的复杂平行关系(或者同一性)中，我们可以想见，黑格尔并不像一般的现代人那样厌恶神学教条；相反，他的目标是对教条式的基督教进行哲学改造，② 用重炮抨击感觉之神学(the theology of feeling)正是他最得心应手的。教会的基础必须是一个教义的体系，而如果没有教义体系，那么团体就会沦为一个原子的集合体。只有原则或信仰才是共同的，而感觉本身则是纯粹主观的，并不能提供联结的纽带。在宗教中，感觉当然是必不可少的。如果宗教要在生命中产生积极的力量，那么就必须在感觉的因素中得以实现。但是感觉本身是一个纯然的形式，它对其内容漠不关心，而且会因此把自身加在任何内容之上。于

---

① 如果认为最后阶段会取消那些在辩证发展过程中较前的阶段，那么就误解了黑格尔的阶段法则。在这一错误理念的影响之下，人们往往用一种错误且令人讨厌的方式来表现黑格尔的立场。例如，《法哲学》被表现的好像伦理生活(Sittlichkeit)是取代道德(Moralität)或良知之主观功能的最终阶段。显然，这两方面都必须继续共存；唯一被取代的只是抽象的良知，因为它无视现实，并且坚持重估一切。因此，黑格尔并不想要在真正的国家中实现的客观和解去取代个人的、主观的虔敬生活。

② "要恢复真正的教会教义，就必须从哲学开始。"*Werke*, xi. 10. 在其他地方，他哀叹神学所沦落到的悲惨状况：哲学已经变得有必要为教会的教条做辩护，以对抗正统神学家自身。他明褒暗贬地谴责托鲁克(Tholuck)不够积极地捍卫三位一体教义，从中我们可以闻到一种滑稽的味道。参看《哲学全书》第二版序言，*Werke*, vi. p. xi. et seq.

是，最重要的是理解到宗教——就和哲学那样——必须建立在"一个实体性的、客观的真理内容"之上。① 这个内容，作为上帝与人之间的关系理论，是绝对的内容；也就是说，说到底，它是宇宙过程的表达，因而对上帝与人来说皆然。但是从已经看到的黑格尔对宗教"永恒"内容的陈述来看，显然普通的基督教教义在哲学诠释的过程中经历了相当大的转变。按照黑格尔的说法，这正是我们所需期待的；事实上，这就是黑格尔在表象（Vorstellung）与概念（Begriff）之间做的基本区分。宗教是对所有人来说都适用的真理，它很容易被理解。"穷人很高兴听到它。"哲学对于那些有能力进行长时间哲学思考的人来说是真理。从根本上说，哲学为智能之士呈现真理，因此真理是以精确的科学的最终的形式呈现的。宗教呈现了同样的综合，但它主要为心灵而呈现，因此，它以一种旨在影响感觉的形式而呈现，并且通过它们对道德意志起作用。宗教是通过想象的语言来发展壮大的；在这个过程中充满了感觉，但我们不能用科学的精确来限制它的陈述。黑格尔说，宗教是以天真的方式思考的理性。② 它已经掌握了重要且永恒的原则，但它呈现它们的形式并不适用于这些原则本身（虽然最适合于其自身的目的）。构成宇宙本身之观念的事实被视为偶然的、已经过去且不再存在的历史片段。堕落是这样，和解也是这样；它的形式始终是图像化

---

① Werke, xvii. 299（为欣里希斯《宗教哲学》[Religionsphilosophie]写的前言）. 这篇写于1822年且现在被收入《杂文集》（Vermische Schriften）的前言，对黑格尔就宗教和基督教中的历史因素等问题的态度进行了许多说明，其中还包含与施莱尔马赫的激烈论战，但没有直接提到他的名字。

② Werke, xi. 117.

的和叙事的。通过这一切，黑格尔想表达的意思是，宗教以表象的形式出现。他认为，表象与概念之间的区别是非常重要的，因为由此我们不会把宗教的活的原则与用以表达它们的历史性形式混淆起来。某种历史性形式是必要的，但历史性的东西本身则是偶然的，因此不能构成宗教本质内容的一部分。一旦把那种内容排除，那么我们就可以发现它与观念上的真理或概念别无二致。但是，黑格尔似乎在说，对于大多数人来说，概念永远不能取代表象。

这样，黑格尔与历史性基督教之间的关系就完整地展现在我们的面前。他自己的一段令人难忘的话可以作为下面内容的权威文本：宗教必须只包含宗教，它本身只包含精神的永恒真理。① 正如刚才提到的，某种历史性形式是必要的；真正的宗教必须出现，必须存在。观念必须有现实的一面，否则它就只是一种纯粹的抽象活动，而现实意味着空间与时间的周遭环境，或者，用一种不那么深奥的方式说，如果真理要为人类所共有，那么历史性的或感性的形式是必不可少的。"人的思维（Gedanke）是神圣者与人之间的统一，但必须首先让人相信这真的是单个人的思维。""绝对理念的意识首先不是为了哲学思辨的立场而产生的，而是以人类的确定性形式产生的。"② 我们总是从感性确定性出发，从某种被给予的东西、积极的东西出发，但是，被给予的东西总是必须要被理智所把握，它的意义必须要被人理解。因此，外部世界是通过感官被给予我们的，但是在我们

---

① *Werke*, xi. 152.
② *Werke*, xii. 237 and 238.

将感觉置于一个理性体系中完成建构之前,它仍旧不是一个世界。宗教也是作为某种被给予的、肯定性的东西来到我们这里的:以教育的形式来到儿童那里,以启示的形式来到人类那里。但是,思维对感觉(或者对纯然被给予的事物)的态度总是否定性的;我们弃它而去,只留下它所承载的理性内容。因此,基于(被认为是真理之必要因素的)历史表象的事实,我们必须不能受人的误导,以至于把那些历史提升到神圣的真理(divine verities)的地位。框架虽然是必要的,但它与它所容纳的艺术作品并不是同一个水平上的东西。① 历史中的具体事物总是偶然的,也就是说,它们可能是这样,也可能不是这样,它们的存在并不包含理性的真理。黑格尔说,因此,整个奇迹的问题不应该困扰我们,我们既不攻击奇迹,也不为它辩护,但是它所能够为宗教真理提供的证明仅仅对据说它发生的那个时代有说服力。外在的或非精神性的东西无法证明精神性的东西,而对于奇迹来说,关键就在于我们不要把它当作一回事。② 精神的演证是唯一能够被最终接受的证明。

因此,基督教最初出现时的感性历史仅仅是精神和信仰的起始点(Ausgangspunkt)。教会的教义既不是其创始人的外在历史,也不是上帝自身的直接教义。③ 教会的教义是通过基督教会的意识而被领会到的历史的意义。这并不是说,这种意义包含在《圣经》中,且全部的教义都在某种程度上依据这一文本。《圣经》只不过是"被给予之物"的另一种形式,并且一旦离开圣书的

---

① *Werke*, xvii. 283.
② *Werke*, xii. 160.
③ *Werke*, xii. 241.

文字，我们就转换了它的意义。就和在其他地方一样，在这里，精神是十分灵活多变的，教会对《圣经》的解释，而不是《圣经》的文字才是信仰的基础。第四部福音的作者清晰地认识到感官消失的必要性，或者说，清晰地认识到精神对其转变来说有多么重要。当《约翰福音》中的基督用本人的离去使教会得以发展时，他事实上用了最意味深长的话语来表达这一洞见。"我去是于你们有益的……人子得荣耀的时候到了。我实实在在地告诉你们，一粒麦子不落在地里死了，仍旧是一粒。若死了，就结出许多子粒来……信我的人要做比这更大的事，因为我往父那里去。"因此，依照黑格尔的说法，重要的是把基督教的内容本身看作"永恒的真理"，从而把它从其最初的感性表象中分离出来。"基督教信念的真正内容要由哲学来证成，而不是由历史来证成。"①那么，为什么我们总是要回到已丧失精神的躯壳之中呢？我们因此得到的只是一个死的基督；活的基督在他所创立的教会中被发现，在人神关系的教义中被发现，而教会就是这种教义的可见象征。

我们也许可以用一种更为泛化的方式来谈论这个立场。从宗教的视角来看，一部历史的价值仅在于它是这种或那种真理的载体，剥离这种意义之后，历史无非事实的任何其他部分；也就是说，它不具有宗教意义，只有依照上帝的永恒目的来阅读历史的时候，这段历史才会对我们产生影响。因此，打动我们的是这个目的，而不是对事件的单纯列举；任何事件都一定不能充分地表现或叙述神圣的目的。一切精神性的果必须来源

---

① Werke, xii. 266.

于精神性的因,永恒的原则或真理影响着心灵。尽管特定的叙事可能已经证明了它们自己在将这些真理带回人的心灵方面特别有效,但我们仍旧没有理由认为就现在而言这些叙事全部都能得到科学的支撑。同样地,即使大多数人认为通过这些叙事能够更好地把握它原本所要表达的思想内涵,但这也不足以让我们相信这些叙事是真理的最终形式。大众都习惯性地无视使他们能足够正确地做事的真正理论,人们接受了叙事所表达的真理,也受到后者的影响,但并不能说清楚它是如何做到这一点的。人们仍旧搞不清楚这个过程的基本原理,但它却实实在在地教化了人。普通人一般都是这样,当人们不是这样的时候,他们对精神性因果关系的推理就可能与其对自然因果关系的推理一样,都是错误的。在这两种情况之下,人们都普遍地采用"发生于其后者必然是其结果"(post hoc ergo propter hoc)的论证形式。他们没有详查事情的前因后果,一切先于精神现象的重要情境都被堆在一起,作为原因,而人们很有可能恰恰把那些最为偶然和最无关紧要的情境当作因果关系中的本质要素。精神本能不会在选择适于它的食粮方面犯错,但它却无法解释那种食粮是如何滋养它的。

即使许多从相关的叙事和宗教符号中获益的人不认为它们的字面意义与其他领域的理性享有的特权之间存在什么冲突,但那也不是什么大事。正如斯宾诺莎所说,普通人在察觉矛盾方面反应迟钝,因为他并不把它们联系起来;他的思考并不具有连续性,事实上,他的思考经常被打断,且极度随意——这里想到一点,那里想到一点。就这样,他从生活的宗教部分来到世俗部分，且没有发现他在这两个领域所做的预设与一般思维习惯之间存在任何不一致的地方，但是矛盾迟早会暴露出来。只要一种简单真挚的虔诚精神占上风，矛盾就不会出现；因为虔诚精神仿佛出于本能地通往内在内容，而且真的不强调有限的具体事物。有限的具体事物是存在的，而且没有人会想到去怀疑这一点；但是对淳朴的宗教意识而言，它们并不构成信仰的基础。从某方面说，正是因为它们不重要，所以才得以免受质疑，但是当真正的宗教精神从教会中消失时，取而代之的是一种抽象的逻辑和一种对上帝之事无所洞察的知性的哲学。以这种不具有自在根基的形式呈现出来的正统观念开始对外在的和历史性的东西给予不成比例的重视，它坚持把所有这些无关紧要的细节当作信仰的问题，但是在这里，它所面临的是启蒙或科学的启蒙运动或者历史批评的精神。从历史的角度来看，这是与18世纪的活动特别相关的运动，尽管它仍在继续，并且在许多方面可以说刚刚开始。需要注意的是，黑格尔在这里并没有对否定性的东西的地位和功能提出异议。他把启蒙思想家说成在反抗虚伪的正统观念时涌现的"更为明智"的人，而正是因为这种正统观念要把我们的信仰固定在偶然的东西之上，所以他毫不犹豫地承认，启蒙要更加高明。① 在这个方面，黑格尔的个别话语可能存在歧义（有时可能是他刻意为之），但我认为他思想的总基调是不会错的。他对启蒙的平静态度缘于这样一个事实：他准备好了去接受它的一切论点，他所争议的是启蒙从这些他所接受的论点中推论出来的结论；他抱怨说，启蒙只

---

① 这(启蒙)已经成为这种信仰的主人。*Werke*, xi. 150.

知道否定，并且不区分何为外在的或情境式的东西，何为真实的或神圣的东西。简而言之，黑格尔否定了一般的正统观念与一般的理性主义所共同依据的前提，即他不认为基督教所独有的教义站得住脚与否完全系于特定事实的超自然性（extra-naturalness）是否能够得到证明这一点。他对启蒙做的最根本的谴责在于，启蒙倾向于将宗教与它的有限形式完全扫除。单靠启蒙并不足以代替宗教，而根本上说，启蒙的捍卫者用尽全力在这个问题上所进行的探究也同样是非宗教性的，因此黑格尔认为，启蒙已经完成了它的工作，它已经把它的天赋全部都用到世界上了，因而从此变得不再有用。他与康德一样，强烈反对某些人出于某种宗教利益的考量而让无意义的争论变得旷日持久。通过对基督教圣书的恶意攻击，人们也不能证明自己比宗教更有文化。他认为，教会确实应该从自己的立场出发选择竭力使自己免受非宗教的事实调查。[①] 原因是，这样的调查过度强调了纯然历史性的东西所具有的重要性（教会不会认为它有如此之重要性）。当然，教会并不以这种方式提出反对，这是黑格尔对其态度做出的同情式解释。根本上说，黑格尔的同情是宗教性的，并且这种宗教性的同情使他用一种过于轻蔑的语调来评论启蒙。但是，正如我们所看到的，他并没有忽视启蒙好的方面，从而彻底地抛弃启蒙，他认为他自己持的是一个凌驾于传统的正统观念和一般理性主义之上的超然立场。因此，黑格尔并不支持仍处争斗之中的双方的任何一方。他在表象与概念之间做的彻

[①] *Werke*, xii. 260. "所以教会确实应该不接受这种调查。"他以对基督死后复活这一传闻所做的事实调查为例。

底区分使他免于陷入喧嚣的混战之中。"思维为宗教的内容做辩护,并承认它的形式,也就是说,承认它的历史表象的规定性;但是,在这么做的过程中,它也承认了这些形式的局限。"①《宗教哲学》结语中的这句话很适合用来概括黑格尔哲学对这个问题的整体态度。

这就是黑格尔宗教哲学的概要。我并不想在这里从技术层面批评它的神学基础:从历史的角度看,黑格尔宗教哲学确实直接从属于康德的立场,黑格尔与康德在宗教理论方面的关系,确实与他们在知识学说方面的关系十分类似。在这两个方面,相同之处比差异之处更为显著。康德主义似乎到处都在抛弃将它与旧形而上学捆绑在一起的前提条件,只要在这个方面具体地看康德对实定宗教的整体态度、对堕落的处理方式甚至在某种程度上对和解思想的处理方式,我们就可以知道此言不虚。但是黑格尔基于康德主义而发展起来的新形而上学摒弃了康德仍然保持的上帝与人之间的抽象区别。黑格尔说,上帝并不是"超越于星群之上的一种精神,而是所有精神中的精神",因而人类历史的进程被直接等同于神圣的自我启示的进程。直到基督教这里,这种宗教发展历程②才达到顶峰;基督教所揭示的本质上不过是这种自我启示。③ 在这里,三位一体学说被赋予一种新的意义,从而使它成为黑格尔宗教哲学的基础,这种对历史

---

① *Werke*, xii. 286.
② 这种简述所具有的局限和它背后的整体规划甚至使人不可能勾勒出这种人类历史宗教的发展历程。黑格尔对不同信仰的描述是一座思想的富矿,特别是黑格尔在后面将犹太教、希腊文化和罗马平庸的世俗文化与它们最终必定通往的绝对宗教做比较的地方,尤其值得我们的关注。
③ *Werke*, xii. 158.

进程的态度，特别是对基督教的态度是绝对哲学所允许的唯一态度。无论我们怎么解释，这种哲学始终的论点都必须是"凡是现实的都是合乎理性的"。

这种体系的困难就总是体现在对偶然性、不完善性、痛苦和邪恶的解释方面。当黑格尔主义被看作这样一个最终的和绝对的体系时，不简要地指出它所引发的困难就草草离开这个话题将会是一件不公平的事情。在黑格尔主义之作者看来，我们也许不得不接受的前提是，黑格尔主义除了经验主义所依据的具体经验，不可能有其他基础。这是理所当然之事，不需要再做说明；然而，由于黑格尔表达其思想时所采取的形式，这一点常常被忽略。虽然具体事物（或"被给予物"）必然是相对于个体而言的（in ordine ad individuum），从而先于综合的原则，但是黑格尔的方法并不把它的后果看作（多少是零散的）经验归纳或演绎的集合。黑格尔的方法回避了对达成后果的主观过程的讨论，它试图在我们面前呈现由现实事物构成的（从一个神圣的立场出发存在的现存事物）相对于宇宙而言的（in ordine ad universum）体系。我们得到的必须是一个完善的相互关联的体系，并且我们必须能够像神圣的工匠（Divine Labourer）一样，在最后宣布，万事万物都是十分之好的。这相当于说，它必须现实地是（be）一个体系，而不是体系的一个片段（disjecta membra）。完美的理念——作为现实而非希望的乐观主义——正是这种综合的中枢。世界必须被看作在神圣的完善中创生的，并且它最终必须再次被封印回那里。如果要避免在表达中出现任何发散性假设的怀疑，那么让我们换种说法：在这个体系中不能有与整体的完善可能不相一致的任何障碍和缺陷。

现在，我们可以简要地反驳黑格尔的综合的或围绕一个本原(genetic)所做的呈现模式所引发的反对意见(这些反对意见认为，他的哲学是一个先天的体系，一个通过公然无视经验而被编织起来的形而上学蜘蛛网，等等)，因为这些反对意见的立论都基于误解和无知，但无可否认的是，在黑格尔主义把自己看作一种对整全的自洽的解释而以体系的方式呈现自身时，我们最容易对其感到不满。在这里，读者会本能地回想起黑格尔在努力把子过渡到由有限的人或事物构成的世界时是多么明显的失败。① 黑格尔在描绘理念的三位一体关系时极为悠然，但是一旦现实的差异使这些论述变得不清晰或不透明，他就会倍感压力，因而这里的过渡正好与《哲学全书》中谈到逻辑理念的必然性向自然的偶然性过渡时的那段不尽人意的话，构成有启发性的对应。在一般层面，这个问题无非要说明不完善的世界的存在是如何与神圣的完善共存的；当然，当我们从完善者出发时，解释起来就难得多。黑格尔似乎通过一个跳跃而来到了不完善者这里，一旦他来到不完善者这里，他就更为成功地展示了再生的过程。比如，在把恶作为感性存在的意识中的一个基本要素时，他的处理方式是深刻且根本的，但其明显预设了理性存在于人这样的感性生物中的事实。一切不完善者都可能来自这种结合②，但是为什么这种结合本身是必然的呢？黑格尔因此最喜欢强调精神的劳作。他说，世界精神有耐心承担世界历史的

---

① 见前文第150页。
② 即感性与理性的结合。——译者

巨量劳作，只有主观的无耐心才会要求实现目标而不采取手段。我在上文已经引用他所说的"否定的严肃性、痛苦、耐心和劳作"。因此，我们绝不能认为，是因为黑格尔肤浅地忽视了实存的黑暗面，所以才使他具备了乐观主义精神。事实上，从头到尾，黑格尔的乐观主义都更多地表现为对邪恶的解脱，而不是向胜利之目的的进发。在这个方面，它比大多数乐观主义的体系更加接近现实的过程，但是无法避免的问题出现了：全善者（the all-perfect）之中如何产生这种痛苦和劳作？而如果我们失去对这个全善的整全理念的把握，那么还能说我们拥有了黑格尔宣称的强大的综合吗？黑格尔可能会回答说，我们之所以会遇到这样的困难，是因为我们一开始就接受了一个关于完善的抽象理念，这种纯粹的完善将是毫无色彩的虚无，没有对手就没有胜利的可能，而实存本质上就是这种对立的冲突。他可能会说，他自己的立场明显与宗教的立场相同，后者认为，为了实现更大的善，邪恶就是被允许的，或者正如哲学所表达的，邪恶是包含在它的可能性之中的。恶是善的手段，二元论被克服，乐观主义建立在一个悲观主义的基础之上——他可能会说，这就是我们所见的实存的特征。上帝就是这种永恒的征服或和解。我们没有权利为自己创造其他的神，或构建一个无需邪恶就可获致善、无需努力就可获得成功的想象中的世界。黑格尔是否会接受我在这里对他的诠释，以及如果他接受的话这种立场是否相当于一种绝对的哲学都是太大的问题，以至于无法在一部主要以阐述作为其目的的作品中进一步讨论。但当我说黑格尔主义的力量不在于它对任何根本性哲学问题都给出了答案，而在于它对历史的批判时,我可能正好表达了黑格尔许多学生的共同信念。在历史上(不管这个历史是哲学史、宗教史还是民族史),黑格尔就像站在大地母亲之上的安泰俄斯(Antaeus);人们对他的批评不会停息,面对他的诠释则永远层出不穷。

附录一　哲学之科学的当下立场(就职演说)[1]

说明

本篇演讲的题目可能取得太大了。本演讲并不打算讨论哲学之科学的范畴，而只讨论传统上与苏格兰的逻辑学和形而上学相关的主题。此外，考虑到场合需要，它面向的不是专家，而是对哲学感兴趣的一般公众。

就职演说

如果说我因今天第一次以新的身份出现在你们面前而心绪不宁，那么我想你们应当不会感到高兴。能在我的母校和我祖国的首都讲授哲学实在让我感到无上光荣，特别是能在这一讲席上教书使我尤其感到光荣，因为在半个世纪间来此承担讲席的先生们的夺目光辉闪耀之下，民众早已在心中暗想："我想我可以毫不客气地说，从某些方面来看这就是苏格兰最为著名的哲学讲席。"所有这些都令人深感欣慰，但这也使继承如此伟大之传统的人不得不担负起沉重的责任。如果他在接过这些杰出人物的位置时不采取如履薄冰的态度，那么他就不值得被赋予

---

[1] Andrew Seth, *The Present Position of the Philosophical Sciences: An Inaugural Lecture*, Edinburgh and London: William Blackwood and Sons, 1891. ——译者

信任。我深知自己有何不足，但如果可以的话，我希望能活到老学到老。

能加入在我年轻时使我受益的导师行列，也让我非常欣慰。他们都不在了，但是在我那个时候，文科的七位教授中只有两位因逝世而离开。其中一位是在年富力强时就去世的、和蔼可亲且广受爱戴的凯兰（Kelland）。另一位则过早地离开了我们，这使我们如此痛惜，慷慨且高尚的塞拉（Sellar）走得太早了。好在我能怀着极为愉快的心情看到，慷慨且高尚的塞拉在今日受到如此的欢迎。随着时间流逝，那些了解他的人越来越深刻地感受到他的离去所带来的损失。

更让我打心底里满意的是，我自己的讲席与这种失去优秀师长的痛苦无关，因为在我继承我尊敬和爱戴的老师的讲席时，他仍旧身体健康、精力充沛。愿他长命百岁，以他的榜样明智地给我们提供建议、给我们启发，并通过写作的方式呈现毕生思考的优秀成果。在这种情况下，当着他的面，我不应该为他35年来在这所大学里辛勤且富有成效的工作做颂词，也不应该试图总结他仍在快乐地继续完善的成就。但我至少要记录下我个人对他的一份感激。他教我思考，而在心灵的事情方面，这是一个人对另一个人的最大恩赐。17年前，我怀抱对学术的喜爱而进入这所大学的逻辑学初级班，但是仍旧以一个学生的人生观来看待事物，而在我听过极为振奋人心的演讲之后，一个新的世界似乎向我敞开了。对于处于那段时期的学生来说，最需要的莫过于理智的觉醒，习俗的外壳必须被打破，而惊异与神秘的感觉应当在他内心深处涌动。老师不应该把现成的解决方案塞满他的头脑,希冀以此让他解决他从未经历过的困难;相反,应该让他"独自在陌生的思想之海中航行",他必须被引导着去问自己那些亘古不易的问题,并思考可能的答案。最重要的是,要让听众感觉到,教授不是为了传授信息而故意提出问题——对他来说,这些问题是世界上最为实在的东西,是反复出现在他最深刻的沉思中的主题。学生们发现这一切都在弗雷泽(Fraser)教授的教学中实现了。他富有同情的讲解使我们能够捕捉到最具多元立场的精神,而他富有洞察的批评则使我们不会止步于那些为省事而简单地消除了棘手要素的、肤浅的解决方案。他以如此生动的方式把事物内部的神秘感和复杂性呈现在我们面前,促使我们明智地怀疑那些极端的立场和在我们凡人看来过于完善的体系。这种辩证法的精妙与对一切使人成为人、使人提升到自身之上的东西的崇敬之间的联合,仍旧留存在许多学生的记忆之中,由此哲学的精神得到有益的实现。如果继承他的衣钵能使我接续他的某些精神,那么我会非常高兴。我希望,在未来的日子里,这间喧闹但著名的教室能像以往那样,既因追求理智的批评和公正的辩论而与众不同,又不脱离那份唯一能引导我们朝向真理的崇敬与谦卑精神。

我由此想到,你们会希望从一位新教授那里听到他对其主题所持看法的说明,也会希望听到他对当下与此相关的见解的说明。在现在这个场合所说的任何话都必然是非常笼统的,但即便如此,它也有可能具有某种特定的旨趣和用处。

在我看来,讲席提供的训导(discipline)具有三重特征:逻辑学的、心理学的,以及形而上学的或严格意义上的哲学的。

也就是说，首先，我们要研究推理过程的本性，或者更准确地说，研究论据或证据的本性，即有效推理必须符合的条件。其次，我们要以内省和其他方式研究意识的现象。我们用观察和实验来研究那些对我们所有人来说都是唯一直接呈现给我们的内部事实，我们通过这些事实来了解其他一切事实。认知、感觉和意志远比呼吸、比手或脚更能使我们感到亲切自然，它们事实上构成我们的生命，构成自我在世界中的表达，因此我们试图分析和揭示它们的功能具有何种最为内在的本性。最后，我们在哲学这一标题之下，研究关于知识与存在的双重问题。一方面，我们研究构成人类知识的观念及其范围或有效性；我们讨论所谓的知识的可能性问题，或知识与实在性之间的关系问题。这就是所谓的认识论或知识论。另一方面，只要讨论还没有老套到被人预知，我们就要处理那些在历史的开端时刻就占据（且会一直如此）人类思辨理智的，关于万物之最终本性、根源和命运的问题。这些问题可以包含在形而上学这个标题之下，而认识论与形而上学都属于更为一般的哲学范畴。

逻辑学、心理学和哲学这三条训练路线是相通的，前两条在某种程度上是第三条路线的入门或前奏。如果我们深入一步看，就必然会发现，是逻辑学和心理学把我们带入哲学难题的核心；对这两个主题的大多数处理方式都包含形而上学的假设，而作者很可能对这些假设不是没有意识到就是只意识到一半。尽管这些主题是如此相通且连续，并且如此适宜地被联结于一个讲席之下，但围绕这些主题的训导却各自都有自身的特点。逻辑学提供的训练几乎是纯粹抽象的或形式的，在某些方面可以与数学学科的思维训导相提并论，因为这些训练要求思维清晰、定义准确，要求领会以演证或证明的方式被呈现出来的内涵。心理学使我们面对一个具体的主题——精神生活的现实事实。它在看待这些事物时，或着眼于它们自身，但更多地着眼于其与物质条件和伴随物之间的联系。因为它通过一般的观察和实验方法来处理这些事实，对它们进行分类，并努力将复杂的现象分解为最简单的构成物或原因，所以到目前为止，它提供了一项可以与某种自然科学研究的训导相媲美的科学训导。而如果它经常缺乏自然科学的精确性，那么与这些自然科学相比，它的优势就在于能够通过不得不采取的反思或内省的态度来培养新的心灵力量。自我观察或内省绝不像观察一个外来对象那样容易。我们可以很容易分析我们面前试管中的实体，而不容易分析我们自己头脑中随时闪过的观念的确切本性。因此，心理学不断地呼吁我们锻炼这种能力，并通过不断地使用来磨炼和完善它，也正是因为这样，它被汉密尔顿（Hamilton）恰当地称赞为最好的心灵体操之一。哲学把我们带入一个更为困难的领域；因为在这里，我们处理的不是事实的任何特定部门，而是知识的最终原则和宇宙本身的最终构成或意义（包括我们是否有理由谈论宇宙或有序的统一性这一先决问题）。这些都是我们大家最关心的问题，因为这些问题包括人在事物之成体系的关系中的地位与命运。只要与人相关的领域，就都是这些问题所关注的对象。我不明白，如果有人不了解过去伟大的思想家对这些问题的看法，或者不了解我们今天所面临的主要问题，那么怎么能声称自己受过通识教育呢？如果要让任何人都能在不间断的讨论和意见冲突（这是当今时代最为明显的特征）中彰显才智（而不是出于其他原因），那么我们就有必要具备一些基本的此类知识。

因此，无论是从形式一侧把这种训导看作对未经训练的精神力量的一种训练（作为人性的全面培养），还是从具体一侧把这种训导看作一种极为重要和有意义的知识交流，我们都可以看到这三重训导是正当的。在我看来，它在这两个方面都具有如此高且无可指摘的永久价值，以至于我无需对其进行辩护。辩护通常意味着承认有某种弱点，在为哲学做辩护的过程中，"若持如此庄严的态度，那么我们就做错了"。

因此，我倾向于谈谈这三个科系的当下前景，以及在我看来，一个哲学教授在当下应当以何种方式来调整他的工作。我将把逻辑学一笔带过（几乎只字不提），因为在三者之中，它的讨论是最为技术性的，因此它对一般听众来说吸引力最小。此外，如果我们深入表面之下去研究它的基础，那么我们就会立即卷入一般哲学的困难问题，而且我们可能会无法在逻辑学、认识论与形而上学之间保持严格的区分。出于这个原因，科学的概念或定义长久以来都是激烈争论的主题，而公认的是当下的情形是非常混乱的。然而，最近在本国和德国，高等的逻辑理论都变得非常热门，我只需要提到德国的洛采（Lotze）、西格瓦特（Sigwart）和冯特（Wundt），本国的布拉德利（Bradley）和鲍桑葵（Bosanquet）就足以说明情况，更不用说杰文斯（Jevons）、文恩（Venn）等人写的更有英国特色的著作了。此外，这种混乱即使一开始令人困惑，也不会让严肃的学生感到沮丧。这种混乱预示和伴随着发展，并且蕴含着对未来秩序的承诺。然而，我们不适合通过外在的阐述来进行这种讨论，它们属于高阶的形而上学。

逻辑学的另一方面长久以来就是欧洲文明这门课必须讲的基本学说，即基于亚里士多德的普通形式逻辑，现在它又包含对科学方法论和归纳原则条件的某些讨论。最近，许多哲学家都在嘲笑学校的逻辑学，但是在我看来，逻辑学本就该提出一些不切实际的要求。毫无疑问，普通逻辑依赖许多未经批判的假设，它对思维过程的分析往往是肤浅的，它不能作为一种前后一贯的哲学学说而存在，这一切都是没有问题的。整个训导从根本上说具有某种初步性和预备性的特征；它延续了学校的语法训练，只不过它更为抽象。但正是因为它延续并依附于学校的学习，所以一方面，它尤其要扮演哲学之科学的门径的角色；而另一方面，逻辑学讨论揭示了许多概念的缺陷和模糊之处，从而刺激了正在开放中的心灵，并潜移默化地把学生引向重要的心理学与形而上学问题。当然，在很大程度上，形式机制可以被归入教科书工作和辅导教学的范畴，但即使如此，我们也不应当轻视它。我总是发现它是一种极好的测试，可以挑选出班级中真正头脑清晰的学生。在这里，没有任何模糊不清的词句可供庇护；问题就像数学命题那样清晰明确，而不准确的思想会被无情地追究下去。因为这项学习实实在在地具有这些优点，所以我不会跟着别人轻蔑学校的逻辑学。此外，逻辑学的名称和区分很大程度上融入了文明种族的思想和熟悉的语言，因此为了历史文化的旨趣，很可能需要对其形式和过程有一定的了解。

本国的主要观念论学派并不是很久以前就开始鄙视心理学的,死忠的经验主义者对所谓的"形而上学"有多恐惧,观念论者谈及经验心理学时所用的语气就有多傲慢和冷漠。因为英国心理学的主要耕耘者都是经验主义的信徒,并且经常混淆心理学与形而上学的界限,所以先验主义者忌讳谈论这门科学,认为哲学家不应当注意这些领域。因此,就出现了一种不自然的分裂和相互不信任的状态,而这两种不信任都主要源于无知。如今,情况已经大不一样。心理学已经变得更加科学,从而对其自身的目标更有意识,同时也对其必然的限制更有意识。它已经不再把自己当作哲学,而是把自己当作科学从而进入一个新的发展时期,并且通过这么做,它使先验哲学家不再嫉妒,甚至迅速地征服了其冷漠。因为无论这些心理学探究对哲学的影响如何,无论它在这方面的重要性是大是小,至少可以确定的是,在不久的将来,如果一个哲学家不熟悉心理学领域的最重要成就,那么他就不会说话有权威性,或者说,不配说话有权威性。

最能引起从事哲学学科专家之关注的也许莫过于当下心理学系极其活跃的状态了。德国和法国,美国和现在的英国,几乎都处于心理学"热"之下。在英国,心理学研究的发展更具本土性,心理学研究长期以来都在联想主义者(如哈特利[Hartley]、詹姆斯·密尔和约翰·密尔[James and John Mill]和贝恩[Bain]教授)手中蓬勃发展,但是在出现这样一个学派之前,霍布斯、洛克、贝克莱和休谟的著作已经出色地体现了这个国家在这个方向的天赋。然而，如前所述，过去的英国思想家还远没有让他们的心理学变得纯而不杂，他们在大多数时候已不再像以往那样对古希腊和现代欧洲之伟大的形而上学体系孤陋寡闻，而是总体上把心理学和哲学不可分割地交融在一起。我们可以认为，正是因为德国人的智力从康德和后来的思想家那里得到了训练，所以他们才可以更为清晰地表述目标与方法，从而产生划分知识领域的冲动。但是德国对心理学探究的影响并不限于这种形式或方法上的刺激。自康德时代以来，哲学家就为心理学做了很多好事：赫尔巴特（Herbart）和他的追随者的心理学在许多方面都是更为精细的英国联想主义；尽管他的构思往往看起来矫揉造作，但却是机敏和干练的工作，以至于研究这一主题的现代学生都不能忽视它。洛采和冯特以各自的方式做出了杰出且耐心的工作，也让我们看到心理学与生理学之间的密切联系，而这正是该科系最近研究的显著标志。洛采最具特色的一些工作都记录在他称为《医学心理学》（Medical Psychology）的一书中，而《生理心理学》（Physiological Psychology）是冯特为他的论著起的名字。心理学、生理学和物理学在赫尔姆霍兹（Helmholtz）的杰作《论音调的感觉》（On the Sensations of Tone）和《生理光学》（Physiological Optics）中相遇。演化概念对心理学以及所有其他知识的科系所产生的强大影响是最近研究的另一个标志。无论在哪里遇到生命，心理学家都能找到说明和扩展其科学的材料。ψυχή（心灵、灵魂）的古老意涵已经被恢复，比较心理学的雏形已经出现。对于异常心理发展（比如精神错乱、歇斯底里、催眠状态以及类似现象）的观察，构成现代观察者（尤其是法国的现代观察者,因为和德国、美国的年轻人一样,法国的年轻人总有大量的心理活动可供观察)努力耕耘的另一个领域。

可以说,所有这些影响都在过去几年最好的英文作品中得到了体现——我指的是沃德(Ward)先生在《大英百科全书》中的精湛论述,以及哈佛大学詹姆斯教授一年前出版的丰富而趣味盎然的书。人们可能有理由认为,这些著作正是心理学已经重新出发的标志(标志着对纯粹心理学立场的批判性维护,标志着更广泛的材料,标志着更为细微和实验性的分析)。

正是因为心理学和生理学之间恢复了上文所述的友好关系(rapprochement),所以我们才看到人们试图将实验引入心理科学这一最为引人注目的后果。从韦伯的实验和费希纳(Fechner)的更为宽泛、范围更广的心理物理学研究开始,已经出现了一个新的研究路线。这一新的研究路线已被称作"实验心理学",但却时常渴望获得一个独立学科的尊严,并极为藐视我们所熟悉的观察和描述性的科学。冯特是这一运动的领导者,而莱比锡是它的大本营;但是它现在已经在德国广泛传播,在美国也得到了热烈的响应,以至于每所学科齐全的美国大学都以建立心理学的或心理物理学的实验室为目标。英国看起来也倾向于跟上这个风潮,至少剑桥大学也在这个领域投了一小笔钱,而人们发现,年轻一代的牛津人已经抛弃格林的哲学,而投身弗莱堡、莱比锡和柏林的实验室。

为了防止误解,我必须立即说,我认为实验心理学家太过夸大他们的效用,实验的领域必然是有限的,它只能处理那些在其中我们能够操纵影响心理事实的物理和心理过程的案例。因此事实上，感觉的事实、运动的现象和较简单的心理过程所占用的时间是实验心理学可以研究的全部领域。此外，在这一有限的范围内，结果往往如此之矛盾，以至于它让一切都变得有了疑问；在可以获得明确结果的地方，它们的价值往往是不明显的。最后，许多结果都是纯粹生理学性质的，只是出于客气才被纳入心理科学。我想，这些是一个冷静的观察者对所有这些受人追捧的工作所做的严肃推理，但是对事实有强烈欲望是一种健康的症状，而每个心理学学生都必须注意整个运动。我们不需要从这一领域寻找能解释哲学问题和更深层次之奥秘的答案；但是，我们不应该如此耐心地把聪明才智用于分析我们心理生命的次级结构，而不致力于在探索我们心理机制的知识方面做出真正重要的成就。

这种心理学科学发展的一个附带效应是细节工作的大量增加。心理学家已经越来越多地就特殊现象或相对较小的领域出版详细的专著，心理学期刊的数量大大增加，由此带来的一个后果是显而易见的：随着心理学越来越具有科学性，随着该主题的文献越来越多，哲学与心理学之间的分离会越来越明显，因为同一个人不可能在两个部门都做出原创性的工作。从哲学的角度来看，这似乎有一定的好处，因为它有效地防止了在这两个领域和这两组问题之间产生进一步混淆。但这只不过是表面上的好处，并非真有好处，因为心理学作为精神生活的科学，必须始终与哲学保持一种比其他任何科学都要密切的关系。如果分离最终使得哲学家和心理学家都不再讲话，那么旧的问题就会再次出现,因为只有熟悉这两个领域(即使他原本只在一个领域做事),才能实现和维持一种关键的知识领域的分离。因此,我们希望未来的心理学家都能接受哲学的训练,而哲学家则接受心理学的训练。有鉴于此,在当下我忍不住提议:在我看来,在这样一所伟大的大学中,应该有一个哲学系相关的讲师或助理教授来做中间人,特别负责讲授心理学的最新发展。当然,这样的工作将主要由荣誉学生(Honours student)来承担,因为心理学细节对普通及格学生(Passman)而言,不能有益地取代哲学问题和思想史的导论,而在通识课程中保留讲席正是为了确保这样的导论。

那么最后,我们要谈谈哲学。正是因为通过哲学,这个讲席和苏格兰各大学中的其他类似讲席才最终有了存在的合理性;正是由于苏格兰人天生就与哲学有千丝万缕的联系,所以公众才对它们感兴趣。哲学的前景并不令人沮丧。众所周知,在本世纪,孔德公布了他的三阶段法则,把形而上学说成一种像正在发作的麻疹一样的儿童疾病。从那时起,孔德之类的人所造成的影响无疑在许多方面产生了一种实证主义或不可知论的心态,以至于在我们的报纸与评论中总是看到这些实证主义者或不可知论者在宣告哲学已经死亡。但是,我们看不到形而上学像这些预言家所说的那样有死亡的倾向,只要指出近年来人们重新对哲学讨论感兴趣,就足以回应他们的预言。也许曾经有一个时期,人们对哲学的兴趣萎靡不振,但是很少有一个时候,人们比现在更急于倾听任何有话要说的人。因为正如康德所说,在这里冷淡主义就其性质而言,不过是感觉的一个暂时阶段。

"实际上,某些探究的目标对人类而言绝不是平庸的,对这类研究漠不关心是徒劳的。"

除了漠不关心,曾经有一段时间,科学(尤其是近几十年来的自然科学)所取得的巨大进步吸引了人们的注意力,并让人忘记了所有科学之下和背后的问题。但是,科学的进步使人们再次面对终极的问题,并揭示了科学在处理其自身条件和前提方面是多么无能。科学本身的需求要求把知识批判的学说当作关于事物的终极理论的基础。有些人认为,像演化论那样的科学观念可以解决所有的困难,但这种看法是虚妄的,因为观念本身需要得到哲学解释,然后才能被用于解答形而上学的疑难。历史不是哲学,没有什么东西可以仅仅通过被丢回过去就得到解释;尽管有演化存在,但是旧的疑难都会在稍微改头换面之后重新出现。由于科学非常成功地解决了其自身的问题,所以旧的疑难就被揭露了出来。

那么在当下,哲学首先是一种知识学说,并且它本身是科学范畴的批评者,其目的在于使我们免于坏的形而上学的毒害。因为扫除坏的形而上学绝不是最不重要的哲学任务,而最坏的形而上学莫过于物理学家或生物学家用自己的武器突袭进哲学的领地时创造出来的形而上学。哲学必须要批判过去的形而上学体系,在这个方面,我们能从哲学讲席那里获得最为丰富的训练;因为在这里,教师必须使自己成为思想史家,并且明智地把同情与批评熔为一炉,向他的听众介绍世界上最有代表性的思想家——

那些死去的但曾经被授予王权的暴君,

在九泉之下也依然统治着我们的精神。①

但这种批判性的(而且在某种程度上否定性的)工作还不是全部。哲学最终必须努力使自己具有批判性的建设性,或者换一种看起来不那么矛盾的说法:它必须努力在不忘记自己批判性的限制的情况下具有建设性。因此,对过去哲学家的批评不应该是纯粹否定性的,真正给人以启迪与帮助的批评应该设法让学习者意识到他所考察的系统具有何种缺陷和前后不一,引导学习者对问题进行更加真实的陈述。这样一来,过去的体系就变成许多垫脚石,我们站在上面便获得更为充分且更为清晰的洞察力。如果到最后,我们仍旧无法获得一个完整的体系,那么哲学教师至少会设法指出一条通往最终能令人满意的理论所必须遵循的一般路线。

我在这里只有时间略提一下,真正的哲学应该强调且当下应该特别强调的一到两个要点。第一个要点是目的论宇宙观的必要性。德国著名的亚里士多德学者特伦德伯伦(Trendelenburg)写的最有趣的文章之一就是关于他所谓的哲学体系之间的根本区别或对立,即目的论和机械类观点之间的区别。无论在此基础上对体系做穷尽的分类是否可能,我都相信他所明确提出的对立是哲学的根本,并且我绝对地相信哲学的真理完全需要基于目的论的视角,任何放弃这一视角的体系都会使哲学变成科学。

目的论这个词之于有些人就好像红布之于公牛一样,这是

---

① 出自拜伦的《曼弗雷德》第三幕第四场,译文参考拜伦:《曼弗雷德 该隐:拜伦诗剧两部》,曹元勇译,华夏出版社 2007 年版,第 109 页。——译者

因为它与从对外在目的的某种适应(尤其是从对人的需求和便利的适应)出发来解释具体现象的某种过时论据有关联。这种无用的机械目的论在任何时候都不能说服强大而真诚的思想家,而在被现代科学弄得千疮百孔之后,我们可以认为它已经彻底被打败出局了。它不尽人意之处在于它在很大程度上把各事实孤立了起来,然后努力人为地把它们都置于手段和目的的关系之中。我所谈到的哲学目的论本身只专注于整个演化的目的,它致力于证明存在着一个目的,且有一个将整个过程捆绑成整体并且使其可以被理解的有机统一体或目标——简而言之,存在着演化,且不仅仅是无目的的变化。因为只有我们在面对一个已经实现的理念时,人们才能把一系列的变化说成演化的步骤。如果一种思辨没有认识到演化之中包含着目标,那么它就无法理解进步与无目的的变异之间的区别,而这种思辨归根到底是建立在纯粹机械论的宇宙观之上的。

因此,让我们试着通过对比用一两句话来阐明这两个相反观点:机械论的观点把宇宙解释为由纯然的事实构成的结合——这么多现实的实存物只是碰巧存在的,它们的存在并不是为了表达任何观念、意义或目标,它们没有进一步的意义,它们仅仅是存在着。这些事实中的每一个变化都完全地由充当盲目之推力(vis a tergo)的直接的先前存在之物(antecedent)决定,因此,每一个变化都可以有一个原因(cause),但没有一个理由(reason),因为在这里没有实现任何理念或目标的问题,所有的变化都必须是完全没有动机的。各种事实的组合都不一样,因此,对事物的机械论解释是一种不断向后看的过程;目的论的或哲学的解释，则是要向前看，以此寻求正在被实现的目的或最终目标——要向前看整个发展的理由，亦即最深层次意义上的它的原因。

就其本身而言，对任何现象的机械论解释都不是错的。我们无需在关于事物的因果观和目的论观之间做任何争论，因为它们根本就是不同层面的问题。机械论的因果观只有在它自身是对任何现象的完整解释因而潜在地是一种宇宙的哲学时，才是错误的。是的，在某些限制之下，如果我们把科学当作哲学，那么它就是错误的。机械论的解释是一种无限进展（progressus in infinitum），它不能最终解释任何事物。归根到底，动力因依赖于目的因（causae efficientes pendent a finalibus）。只有在能够依照任何事物都是其不可或缺的部分或元素的目标来看待万事万物的时候，我们才能对任何事物做出完整的解释。因此，哲学的成败与否取决于它是否能发现宇宙中的合理意义或目的，在这个意义上，每一种真正的哲学都是一种潜在的神正论，即为事物中的神圣目的所做的辩护。

正如你们所看到的那样，目的论与机械论之间的对立在本质上更为准确地表达了观念论与唯物论之间的古老对立。同样明显的是，虽然机械论的观点通过不断地向后看把事物还原到最低的限度，从而找到了对事物的解释，并把作为哲学终极目标的物质和运动呈现在我们面前，但目的论或观念论的观点在更高的、更为本源的层次上对更低层次上的东西做了真正的解释。因为如果低层次的东西带有更高层次的承诺和效力，那么它就一定会歪曲事实，使之能把最低级的东西证实为独立自存的、与使我们从中读出整个发展的意义的最终之物无关的事实。然而，这恰恰是所有唯物主义和准唯物主义体系所做的事情。

那么，如果哲学是对宇宙中的目的、意义或目标的指示，那么最终，哲学必须对目的的本性说些什么呢？在我看来，哲学在这里必须与我们这个时代的某些倾向进行不遗余力的斗争。由于它不满之前对原则的滥用而为目的论的真理做辩护，于是它必须捍卫构成使人成为宇宙中心的旧观点之基础的真理。在物质方面，人只不过是系统中的一个原子或一个点，而当读到西塞罗所说的天上的执政官每晚为我们凡人的舒适和方便而点燃天空的蜡烛时，我们会付之一笑。当下许多思想的核心是自然主义的，也就是说，它们认为人的本性不过是自然的一部分，因而试图掩盖理智和道德生活的最基本特征。相较于这种自然主义的潮流，哲学则必须始终是人文主义的、以人类为中心的。

一切事物都是相对的，这不是对作为一个地上的特殊被造物的人而言的，而是对人和所有像他一样分享思想生活的被造物（因而他们被称为其自身之完善的创造者），即对理性的人而言的。创造向他看齐，万物都为他而生，这就是黑格尔体系的不朽之处，而他对这一观点给出了如此铿锵有力的表达，并以如此强大的信心来表达这一点。我不能总是像他那样自信，也不能把他的普遍主义的表达方式看作完全令人满意的，我不会对世界精神的成就感到无限倾慕，并且我不能接受用抽象的种族来代替活生生的人的孩子。即使人类历史的巨大漩涡最终注定要迂回地来到一个有所成就的境地，我仍旧想问的是，那些在途中丧生的人怎么办？"这些人都死了，没有得到承诺。"如果没有对他们做出承诺那该怎么办呢？在我看来，相较于残酷的、滚滚向前的历史潮流来说，"世界是磨砺个人性情的训练场"这一古老的想法似乎给出了一个更具人性（并且还是一个更为神圣）的解决方案。但是，令人高兴的是，一种观点并不必然排斥另一个观点；我们可以对种族的进步感到高兴，也可以相信个人的未来。当我们恳求个体生命的权力时，自然的丰盈和靡费无疑会对我们产生影响，但这些都是每一种神正论都必须面对的反对意见。我不想低估它们，相反地，它们以痛苦的力量吸引着我。但是，任何神正论的可能性都取决于我们是否能够说明，自然和自然的运作方式并不是创造的定论。自然是无道德的、冷漠的和无情的；但人是有悲悯之心的，人性在爱与克己、纯洁与不朽的荣誉之中绽放。如果它们不在事物的本性中存在根基，那么的确，

> 天柱支撑的苍穹是腐朽的，
> 大地的根基也只筑在残茬上了。[①]

但是，正如歌德在他写得最好的一首诗中所说的那样，我们应该从人类的这种属性中认识到我们自己身上的神性。部分绝不比整体更大；我们可以确认的是，无论我们身上有多少智慧和善，其都不是凭空出现的，而是来源于在某个地方，以某种方式出现的更为完善的善与真理之中。

---

① 出自弥尔顿的《科马斯》（Comus）。译文参考弥尔顿：《弥尔顿诗选》，朱维之选译，人民文学出版社1998年版，第83页。——译者

附录二　作为范畴之批判的哲学[1]

一百年前，在第一批判的序言中，康德宣称他的时代明显是批判一切的时代，并且随即概述了他所谓的批判哲学的整体结构。甚至一般人在回顾过去之行为时，也已经多少意识到康德确实说出了一个伟大的事实。但是，对于注释家和评论家来说，一百年明显还没有漫长到使那些头脑不清的大众准确意识到康德之学说何以是重要的；并且如果康德还活着，翻阅了百年来的文献，看到那些宣称受其启发的各种学说，那么就可以想见在学术期刊上会多出多少愤慨的免责声明。人们普遍认为，康德对哲学的贡献在于，他架起一座从一个思想时代到另一个思想时代的桥梁；但悲哀的是，当进一步探讨其真正的哲学遗产时，人们就开始意见不一了。因此，在任何致力于哲学说服的论述中，我们都最好在看待康德时多参考他所终结的整个时代，而少参考从他自己的体系发展出去的那些体系。如果我们通过这种方式看到他摧毁了哪些概念，那么我们可能会在新哲学的原则和整体结构方面得到一个确定的共识。当知道我们置身怎样的基础之上以及到底什么东西被甩在身后时，我们就能从康德研究中受益，而不使自己纠缠在任何具体的后康德的发

---

[1] Andrew Seth, "Philosophy as Criticism of Categories", in *Essays In Philosophical Criticism*, edited by Andrew Seth and R. B. Haldane, London: Longmans, Green and Co., 1883. ——译者

展中，因而也就开始为我们自己时代的需求而工作了。

我们可以从他对批判这个术语的使用中巧妙窥得，康德一般是如何看待他自己的哲学工作的。正如所有人知道的那样，人们一般说，康德把批判与独断论和怀疑论联系起来，通过第三种更为杰出的方式使我们走出对理性推理的确定性的矛盾和怀疑。因此可以说，我们能够从这个术语中看到康德是如何叙述他自己与其后辈之间的关系的。初看之下，这种在康德的著作中经常重复出现的叙述与洛克在描述他的发现（任何困扰人类的大多数问题都根源于对"探究我们自己之理解"的需求）时所说的话极为相似。"人们如果仔细考察理解的才具，并且发现知识的范围，找到划分幽明事物的地平线，找到划分可知与不可知的地平线，则他们或许会毫不迟疑地对不可知的事物，甘心让步公然听其无知，并且在可知的事物方面，运用自己的思想和推论。"（《人类理解论》，第一卷第一章第七节）[1]但是一方面，洛克的目的是实践性的，而非专业哲学性的；而作为一个英国人，他并不太受来自形而上学的体系创立者的搅扰。另一方面，康德总是不断地把形而上学的体系创立者记挂在心上，他对"声誉卓著的沃尔夫"印象尤其深刻；但是他认识到，没有一个形而上学家能够自己建立起一个与其他同样合理的形而上学建构为敌的体系，也没有一个形而上学家能够面对一般人充满怀疑地对此类体系所提出的反对意见。似乎我们最好把学院中的争议比作瓦尔哈拉的英雄们所进行的冷酷和无休止的争斗，这些为

---

[1] 译文参考洛克：《人类理解论》，关文运译，商务印书馆1983年版，第5页。——译者

扩展我们的知识所付出的无效努力最终自然会得出休谟那样的怀疑论。但是，因为康德坚信人类理性不会永远处在怀疑论的状态之中，所以他要搞清楚这些最有意义的建构哲学的尝试为什么最终必然失败。这就是他认为自己的工作与休谟的工作不同的地方。他说，休谟满足于确立在形而上学方面现实地失败的事实，但是他并没有令人信服地说明何以必须如此。因此，通过对人类能力的普遍怀疑，他放弃了许多无人质疑但不能在休谟的怀疑原则基础上得到辩护的关于自然世界的知识。除此之外，虽然休谟的方法有效地瓦解了之前的体系，但其并没有保证其他更为机智和有说服力的哲学家不会出现，而一旦有后者出现，许多人就会接受他们建构出来的学说，从而需要再出一个休谟来重新破坏他们的工作。最根本的莫过于在我们必要的知识和我们同样必要的无知之间设定边界。我们必须经受批判的评价：不仅一般意义上的限制或有限性需要得到证明，而且把知识和无知与不可知的领域隔绝开来的确定性的边界也需要得到证明。也就是说，我们在原则的基础上不仅要证明我们对这个或那个问题无知，而且要证明我们对某一类所有可能的问题无知。这里没有任何臆测的空间，只有理性能安居于这个完全确定的领域，并且批判的使命就是给真理划定一个坚实可靠的"岛屿"。①

康德解释道，正是因为体系创立者没有让自己所用的概念和原则经受预备性的批判（以便发现它们的有效性范围），所以他们所得出的一切结论都是无效的。我们假设日常运用的、熟

---

① 参见康德《纯粹理性批判》结尾部分的"方法论"，尤其参考第一篇第二节。

悉的概念可以普遍运用于一切事物，而没有思考当下之经验的条件，也没有思考这些条件是否对规定概念的适用范围具有重要意义。在这些条件之下，这些概念相当无懈可击，但只要这些条件被取消，那么这些概念就会变得没有意义。康德把忽视这些思考的形而上学称作独断论。因此，当哲学家得出结论说"灵魂是不朽的，因为它是实体性的单位因而是不可分割的"时，他们的论证就变得完全不具有坚实基础，因为他们忘记思考这一概念除被用于空间中混合的对象之外是否还有任何其他意义。同样地，当洛克试图通过"明确地证明永远都存在着某些事物"来证明上帝实存时，他就是在把时间和因果性的概念引入上帝和宇宙之间的关系，而没有反思当我们敢于超越感官经验的语境时，时间和因果性是否还是可以运用的观念。

没有什么能比这更加令人满意的了。但是在这一项工作中，一切都取决于批判观念是否被彻底应用，而不幸的是，康德使一切最为基本的概念都不受批判：他独断地假设了外在事物作用于其上的心灵的概念；换句话说，在康德看来，心理学和一般思维可能出于其自身的目的，正当地运用机械论的相互性范畴，充分且哲学化地表现了认知的心灵与客观世界之间的关系。他把只在特定视角下才有效的心灵与世界之间的区分当作绝对的区隔，用现在流行的话说，他绝对地把它当作一个在任何情况下都为真的事实（也就是说，把它当作一个纯粹的事实）。当然，如果两样事物互不相关，那么我们只能通过一种完全机械论的、外在的和相对于两者的实在本性来说是偶然的联结才能把它们统合起来。

因此,《纯粹理性批判》一开始就是从心理学的立足点出发的,并且从未完全超越这一立足点(尽管康德明确地把经验性的心理学降到一个较低的地位之上)。"如果不是通过对象激动我们的感官,那么知识能力又该由什么来唤起活动呢?"康德几乎不想听取答案,对他来说,这似乎是理所当然的事情。这种自白太过天真,以至于我们不能说一句"导言第一段中的这句话只不过表达了他暂时接纳了普通思维的立足点,以便通过本书其余部分的进一步批判来否定并超越它"就被人放过。我毫不怀疑《批判》否定并克服了这种心理学的观点,但是可以确定的是,康德并不想在这里表达一个纯然暂时的立足点,以使他的读者能够在理智上接受他的宇宙。康德思辨的任何其他阶段的许多段落都表达了与这段话类似的意思。康德经常写这样的话,这不过是要承认,虽然他的新方法令人信服地反驳了承担哲学之功能的心理学主张,但是他本人绝不有意识地质疑心理学哲学的基本假设,更不使它经受他的原则所提出的批判。

在原则上,学生们(特别是接受了英国哲学之训练的学生们)所反感的许多站不住脚的康德式区分与这一最初的心理学二元论相关。比如,在经验的形式与质料、先天与后天之间的严格区分,以及康德用普遍性和必然性作为形式或完全纯粹认知之标准时所采取的同样抽象的方式。只要康德思维的整体规划基于这种区分,我们就不必对是否许多人认为体系的其他部分一定也完全不具有坚实基础这一点感到奇怪。确实,无论如何,在这种情况下,金字塔并没有被建造在其表面的地基之上。

之所以在康德这里有这种分裂,是因为他努力通过反思避免休谟立场的无限偶然性，但同时保留先前思想家的怀疑论所导致的心灵与事物的不相关性这一最终假设。基于这一假设，心灵从事物中所学到的东西必然是许多基本事实，或仅仅因为在零星的获取知识的过程中被意外地聚集在一起的印象的原子。康德赞同休谟在这一点上的结论；康德和休谟都基于"经验"不能产生普遍性与必然性这一点，而这一点正是《批判》的起始点。一方面，康德发现他自己面对的是这一假设；另一方面，因为人们不断做出的判断是实存的，并且被建构起来的各种科学是实存的，所以我们没必要否认它们的普遍和必然的应用。康德所承认的这两点事实上构成他自己理论路线。如果在事物提供给心灵的原子式材料中不存在我们在经验中所找到的必然性，那么这一必然性一定是被心灵自身的行动注入这些材料之中的。因此，由心灵与事物之间的互动而得出的经验的景象就被呈现在我们面前。康德把事物的行动所提供的要素称作经验的质料，把心灵所提供的东西称作形式。依据他的原则，"质料"应当是纯粹的质料或无限的偶然性，在其自身之中不包含任何方法论安排的迹象，然而心灵的"形式"应该强迫这种杂乱无章之物进入秩序和体系之中。但是，康德当然不可能死守这一绝不现实实存的区分，他不得不承认，因为被心灵强加于经验之上的一般形式或法则需要得到具体的应用，所以我们仍旧依赖事物。但是，如果特殊的应用以质料的方式被给予，那么后天的法则或原则也必须以其一般之形式的方式被给予。通过一般化和抽象的普通过程，我们一定可以以一般性的方式表达具体实例所表现的原则。换句话说，康德承认，"被给予"心灵的东西并非纯粹的质料，并不纯然是特殊物，而已经是被赋予形式的质料，特殊物已经被普遍化了；也就是说，它已经与另一事物发生了关系，并且具有了其关系的特征。进行认识活动的人的使命仅仅是读取，或最多是费力地揭示在他的材料中完整地存在于他面前那里的东西。如果我们仍旧像康德那样依据心灵与世界之间的抽象区分的观点来看问题，那么毫无疑问，经验论者在坚持认为个体的经验的质料和形式都来源于与个体相关的世界这一点上是正确的。心灵并不承载共相，而世界也不是一堆特殊物，前者被叠加在后者之上以生产知识。心灵和世界都不是这样理解之下的东西。比如说，孩童的心灵还是一片空白的，所以他如何能在一团杂乱的微不足道的印象中创造性地生成秩序呢？或者说，为什么要在这种情况下预设心灵的存在呢？如果这种思考并没有证明其他任何东西，那么这就证明了从一个心理学的立足点来对待知识是完全不可能的。因此，我们可以得出结论：质料和形式是处于不断变换状态中的区分，它们与人们以何种观点对其进行考量相关。世界和心灵也是这样：对立中的一方只不过是以另一种形式呈现的自己。从知识理论的立足点出发我们会发现，心灵和世界在某种意义上是可以互相转化的，我们可以不偏不倚地谈论其中的任何一个，在这两个情境之中，我们概念的内涵都是相同的。

同样地，我们可以批判康德所用的关于普遍性和必然性的标准。这话一说出口，人们就开始搜肠刮肚，以求知道他们是否真的做出过这里所说的判断，康德所认为的特定判断一定具有的绝对必然性成为一种神秘的质(mystic quality)。一些思想家说服自己承认判断中具有这种有争议的质；另一些更为谨慎的思想家则强调，无需诉诸所谓的"直观"也可以充分说明判断具有的严格性。因此，当密尔这样一个一丝不苟的联想主义者出来否认他能在经验中找到任何绝对的普遍性和必然性时，康德的论证就陷入了完全的僵局：他所依凭的事实问题被否定了，在他与他的反对者之间就不再具有任何共同的基础。最不幸的莫过于把康德与经验主义之间的争论缩小到对几何学命题中某些神秘的必然性是否实存的讨论这一层面，但是这确实发生在英国康德研究的早期阶段。一旦"直观"开始运作，争议就会聚焦于一个纯然主观的测试，而争议必然会转化为对立双方关于"是"和"不是"的争吵。任何一个从康德那里获得教益的人都不会怀疑，密尔关于证明的假设性理论在概念上会比任何坚持认为几何学的必然性和其他命题的必然性之间根本不同的理论更加正确。一切必然性都是假设性的或相对的，并且仅仅表达了一个事物对另一个事物的依赖。真理只有与特定条件相关时才是必然的，这些条件一旦得到满足，真理就始终是善的。任何真理所依赖的条件越是一般或简单，有效性的范围就越宽；而对一切依赖这些条件的经验来说，就像几何学的真理一样，只依赖经验的最为原初要素或条件的真理当然也是普遍且必然有效的。每一个学生都应当知道，康德的理论最终使他将归于几何学命题的必然性视作唯一的必然性。更为不幸的是，他似乎应该把论证基于一个抽象的或绝对的必然性主张之上。但是，这只是康德术语的真实意义必须被完整的理论所定义的许多实例之一。事实上，后一样式的必然性并不值得怀疑，因为它在概念上就是自相矛盾的。"必然性"总是在问"为什么"的问题，并且对它的回答必须说明条件。某物如果与本身具有有限之应用的条件相关，那么它就可以是必然的；在这一情况下，除非我们考虑到这些条件本身，否则就不能把它说成必然的。如果我们把任何事物都说成具有更为不凡意义上的必然性，那么我们想说的是，我们主张的有效性无非依赖经验所基于的条件的体系。因此，在必然和偶然之间不存在康德向我们所呈现的那种抽象的对立；差异所说的并不是种类上的差异，而是程度上的差异。

在与康德的知性范畴或概念进行关联时，我们尤其有必要记得这种对必然性的解读，因为康德对这些为心灵做出贡献的所谓先天要素的处理已经再次把他引向——或者至少已经把许多他的支持者和反对者引向——错误的问题。比如，有人认为整个问题的关键就在于探求特定概念在精神上的来源，而正如我们所看到的那样，这是一个可以非常恰当地加以否认的事实。这种论证固然有优点和缺点，但是人们可能忘记了，除非把我们的主张与关于一般经验之本性的整个理论联系起来，否则精神上的来源本身无助于我们了解一个概念的功能或其有效性的范围。康德当然有权执意这么做，而他对实体和原因这样的概念的必然性所做的最终证明仅仅是，如果没有它们经验就无从可能。它们是我们发现一个互相关联的宇宙所依赖的最为一般的原则；通过这种演绎，它们在精神上的根源完全落入背景之中，而因为他在必然性与偶然性之间设置了绝对的对立，并且一开始就假设经验只能给予我们偶然性，所以他只能做如此的主张。概念的必然性来自它们与整个经验的关系。事实上，康德进一步把这一关系中的概念描绘为精神联结的模式，依据这种模式，"自我"把从外部灌输进它里面的各种东西展示了出来。因为如果不把自身纳入精神模具的框架之中就不能来到经验内部，所以这些互相关联的各种各样的经验明显具有必然的有效性。但是，如果我们把这些条件、原则或范畴与使它们暴露在我们面前的、把它们具象化为能力或能力的模式——心灵固有的行动的方法的经验割裂开来，那么我们就什么也获得不了。相反地，这个步骤根本上是有害的，因为当我们这么谈话时，人们就无可避免地认为我们所指涉的是个体的心灵，而这种立场的困难或荒唐之处已经被我们注意到了。因此遗憾的是，康德频繁地把他的事业描绘为对能力的批判，而不是以更为全面、更少误导性的标题来保持对概念的批判。不幸的是，这不纯然是言语上的前后不一，它代表了两种极不相同的批判哲学观。

人们对康德的总体规划已经知道得足够多了，以至于在这方面对它做任何详细说明都是多余的。正如我们所看到的那样，它的框架是为了说明普遍和必然判断的事实，而它的形式是由他先前对休谟的基本假设的接受所决定的。我们可以从康德所谓的哥白尼式的立足点转换之中看到他走出困境的方式：如果通过在事物的世界之上等待并不能获得必然性，那么不如试着让对象等待我们对其进行最为一般的规定，看这样做我们会取得什么样的成功。康德依据这一观念所发现的经验的形式或"初步计划"包括十二范畴、概念或联结方法。根据它们，感官的质料被安排在空间和时间的感知或想象的光谱之中，安排的过程最终是由智性完整的理想所引导的，并且在每一点上都可以指涉先验自我的统一性。或者用康德的心理学语言来说，首先，心灵具备了所有它的印象都必须被容纳在其中的空间和时间的先天形式。其次，通过使感官印象首先成为相关事物的世界中的对象，心灵具备了智性综合的十二原则。因此，我们可以完全确定地认识到，空间中空间与对象之间的关系①取决于心灵形式和心灵所强加的关联法则。基于这些要点，我们可以对经验有所预见，普遍性与必然性得到了保存。但是缺点也很明显：之所以我们可以对经验有所预见——康德用充满悖论的方式把这称为"为自然立法"——仅仅是因为这是我们自己的必然性，而不是关于事物的必然性，后者从这一心灵所塑造的世界反射回我们自身。我们赢回了知识的确定性的意义，只不过代价是被告知我们的知识绝不是严格意义上的实在的知识。我们认识能力的构造必然把我们从关于实在对象（这一称呼并不合适，因为它们绝不是对象）的世界中隔绝出来。在这里，康德划出了一条在他看来休谟忘记划下的界限，这条界限区隔开完全确定的区域和我们必然且永远无法认识到的区域。第一个区域是在空间和时间中互相关联的现象的领域，即可能经验的语境，它包含受心灵之操纵的感官材料。第二个我们的能力禁止我们进入的区域是物自体的世界，它不仅被看作作为我们感官经验来源的未知的区域，

---

① 康德在《反驳观念论》中证明了世界只有在空间的关系中才能被认识。他在其他地方说，内感官中的任何东西都是从外感官中接受下来的。时间和空间之间的关联是必然的，康德在这里正确地把对知识的限制描绘为对空间之内容的限制。

而且被看作一个世界,像上帝和灵魂这样的非空间性的存在和似乎依赖这些理念的人类生活都在其中具有位置。

这些后果的本性决定了康德看重批判这个词所具有的特殊意义。这个词原本仅仅是用来描述程序的方法,但是它自然地也变得可以用来描述其方法使其形成的特定宇宙观。因此,批判哲学家是那些清晰地领会到先验的范畴演绎这一称谓所包含的意义的人。先验演绎是一个单纯指涉经验的演绎,因此,它绝不会为在指涉其他事物时被演绎出来的概念运用做合理性的辩护。而如果我们思考到对于康德来说,在这方面经验包含心灵与一个未知对象的关系(事实上,这意味着将范畴运用到来源于对象的质料之上),那么很明显,当关于未知对象的要素变得越来越少时,概念就一定会变为如此多空洞的词语。被如此设想的经验被称为感官经验,以此描绘我们相对接受性的态度和我们的知识所具有的复合特性。它给我们带来的只是关于物质性事物及其变化的知识,以及通过范畴(康德将其比作在无所支撑的虚空中拍打翅膀的小鸟)所获得的关于其他种类的知识。于是,批判意味着对这种限制的认识,并且它如此有限地把经验说成以纯然的现象性为特征的东西;换句话说,它们自身并非现实的和可能的经验表象,后者所说的只是人类心灵与实在之世界之间的特定关系。在这方面,我们必然是无知的,且最终也是无知的;而如果存在其他使我们可以在自我和上帝的问题中穿透本体之实存的手段,那么也无法进而相信我们可以正确地把它说成是知识。在康德的规划中,一切知识都只是现象,这里所谓的现象说的是,并不存在某种居于事物背后的、我们所不知道的实在事物。

如果有人问,康德有什么权利划下一条界限,从而把相互作用的空间世界之外的一切事物都逐出知识的领域,那么回答一定是,他的结论最终依赖他对先前哲学的二元论假设所做的未加批判的接受。当我们说之所以有这样的后果是因为他尝试从心理学的立足点出发来建构一种知识理论时,我们以另一种形式表达了同样的事物。这一立足点给其带来了作为知识之来源的"感官"和作为对感官所提供材料进行"比较、联结和分开"之能力的知性之间的区分。这是洛克的区分,也是康德的区分。① 康德降低了感官所带来的贡献:他有时会把它说成是一个完全模糊的东西,并且聊胜于无。但是与感官相关的数量并不影响区分的原则,只要我们以这一形式看待它,其后果本质上就是一样的:要么和休谟一样,否认(就我们所知的)任何实在世界的实存;要么与康德一样,否认我们可以通过知识揭示这样一个世界。因此,我们需要认识到的重点在于,区分并不是从知识的理论中演绎出来的东西,而是从另一个领域得出的假设。康德的批判最终注定使我们摆脱一种把世界与意识的关系表现为两种实体之间互动的宇宙观,而这种宇宙观所对应的正是对心灵所做的接受性和自发性的划分。区分对康德理论的形

---

① 当康德做出这一区分的时候,我们确实可以把康德在序言第一段中的说法与洛克在《人类理解论》第二卷第十二章中对知识的叙述关联起来。"所有的物质,人都没有能力来支配,亦不能造作,亦不能毁灭;人所能为力的,只是把它们加以连合,或加以并列,或完全分开。"(译文参考洛克:《人类理解论》,关文运译,商务印书馆1983年版,第130页。——译者)当康德在说印象产生了观念,且激发了"比较、联结和区隔这些表象进而把感觉印象的粗糙材料构成关于对象的知识的知性能力"时,他的语言似乎是对这一段话的复述。当然,到后面我们知道,康德的"粗糙材料"并不是洛克的"简单观念"。

式的影响体现为感性论与分析论的区隔，也体现为康德强硬且快速地在空间与时间（作为感性与作为知性功能的范畴的形式）之间所划下的界线。通过一套独立的论证，康德在感性论中找到了知觉形式，而在分析论的第一部分，他轻易地得到了作为纯粹智性概念的范畴。因此在他看来，范畴并非因其自身的本性而是有限的或不充分的，它的有限性和不充分性是由它们随后与感官和形式的联系导致的。当康德说，范畴本身是世界在空间中向我们呈现的原因时，他更加接近了事实的真相；这些范畴向我们呈现的是相互作用的实体的世界，而空间仅仅是这一世界的抽象或幽灵。如果康德的范畴不给予我们任何超越物质性事物的世界之上的东西，那么其原因仅仅在于它们的智性质量低下，而不在于它们受到了外在的限制。它们是联结的纽带，但是我们可以说，它们仍旧使它们所联结的要素互相独立。虽然质的范畴在某种意义上表达了一切事物之间的联结，但是它们甚至更多地表达了每一个单个的点与它们附近的东西毫不相干；虽然关系的范畴——它们被总结为相互性的范畴——毫无疑问地表达了克服互不相干性的要素的体系，但是在它是整体之中的部分这一意义上说，联结之中的个体相互之间并没有任何必然的关系。个体似乎无休无止地被它与另外一个个体之间的关系规定，但是这种无休无止包含了一种不可避免的偶然性的意义。如果我们要有一个实在的世界和实在的部分——只能通过对它做出规定的整体才能理解其实存的部分——那么我们必须诉诸其他范畴。但是，这里所指涉的不完善的相关性是所谓的感官世界的基本标志，而如果知识理论还在使用可感世界这一术语,那么世界只能受到这种特征(而非通过想象来对我们熟知的原因做出内容性的指涉)的限定。换句话说,它受到构成它的范畴和这些范畴与使心灵努力地让世界变得和谐的模式之间关系的限定。于是,通过指涉康德,我们需要坚持的要点是,他给出的范畴(作为唯一的范畴)天生就不足以表达一种比相互关联性更为密切的对空间中互相外在的事物的综合。因此,如果我们仅以它们的角度看待世界的话,那么世界就必然呈现出这一方面。(我们可以回答康德的是,)它们并不因为独立于感官而被获得并且在此之后深陷于感官之中;它们是感官的范畴。我们无法从逻辑判断表中真正地演绎它们;它们在分析论第二部分原则的体系中被给出,在那里它们被证明是连贯的感官经验所依赖的最终条件。用康德的技术化语言来说,范畴并不要求被图示化,因为即使不被图示化,它们甚至也不能作为概念而实存。比如,实体的概念仅仅意味着一种我们在可感世界中所熟知的、永远在变换着(或者可以想见地变换着)的属性。通过这一语言所表达出来的是,主词与谓词之间的逻辑关系——康德似乎要说的是在被感官玷污之前,它是纯粹的范畴——仅仅是对这一实在关系的印象。①

因此,并不存在对空间与范畴之区隔的合理性证明,空间仅仅是单靠这些范畴建构起来的世界的最终表象。如果承认这一点,那么我们在空间中形成了对事物的知觉这一纯粹的事实就没有贬损我们知识的实在性。空间本身是不具有限制的;这

---

① 因此,我们可以认为逻辑判断表与康德范畴(在它现实地实存而你强行解释的情况下)之间的关系是颠倒的。

是一条智性的纽带，是一个由它出发我们才可以把世界表象为一个整体的观点。只有在知识的这种模式宣称它是看待宇宙的最终的方面时，它才是有限的和不实在的。于是，依据空间的本性，我们没有理由像康德那样把知识划分为绝对现象的和绝对本体的。所谓的现象的感官世界与所谓的伦理的本体世界一样实在，也就是说，它对宇宙的描述就其本身而言就是合法的；但是不管宣称哪一个是绝对真理，不管这种宣称来自科学家还是形而上学家，这都是独断论的基本标志：两者都是心灵对自己所做的关于世界的描述，它们都是相对合理的观点，从这些观点出发，经验可以被理性化。知识理论要做的是点出一个观点与另一个观点的关系，并且在说明任何特殊观点的部分和抽象本性的同时，也说明它与唯一不自相矛盾的、最终的或具体的宇宙概念是如何相关的。因此，更为抽象的观点与更为具体的观点之间的对立取代了现象世界与本体世界之间的对立。也就是说，对立本身不再像以往那样具有严格或绝对的本性，一个观点的真理并不牵扯另一个观点的真理，更高的真理可能被看作对更低真理的完成或实现。

现在让我们看看康德做了什么才使我们得到这一哲学概念。我们已经知道为什么我们不能接受像他那样通过设立一个不可知的领域来绝对地限制知识：这些不可知的东西仅仅是我们熟知的以往哲学中的事物，它们被未经批判地假设出来，并且移到一个更深的隐蔽之处。但是根本上说，"知识来源于印象"的理论是一个生理学的理论，它认为，作为旁观者的我们在一个我们动用知识的所有范畴所描述出来的，与世界相关的有组织个体中获得了知识。严格地说，我们所观察到的是在已知世界中两个作为物自体的事物之间的互动；而如果我们在之后将观察到的结论扩展到自己的情况，那么我们仍然只是在重复在一个已知环境作用于已知有机体之上的图景。关系存在于现象的事物与在其中活动的现象的有机体之间，而不存在于超验或超经验的(metempirical)东西与智能本身之间。换句话说，当我们形成自己对世界的看法和作为个体的我们知道自己在其中所处的位置时，我们甚至可以把理知的意义赋予这样一个作为印象而存在的误导性的隐喻；但是我们不可能完全走出知识的世界，也不可能通过指涉某种超越它自身的某物的方式来描述它。但这正是康德和新康德主义者所做的事情，因为他们把我们的知识说成是现象的，以此暗示在其自身的超越性中隐藏着事物的实存。因此，当我们完全坚持康德的立场(认为范畴只对经验的构成起内在作用)时，我们就彻底否认了我们可以公正地从这种说法中推断出超验实体的实存。只有那些被旧形而上学的鬼魂纠缠的人才会从人类理性的局限的角度看待这个命题；对其他人来说，坚持康德的立场成了一件理所应当的事，因为他们一贯如此主张。他们对康德的争议点在于他假设了我们经验中所包含的范畴只有这十二范畴，并且与之相关地，还相信这十二范畴已经对经验做出了完全连贯且详尽的解释。

但是，康德自己倾向于承认，如果人的全部生活是通过经验来理解的，那么这些范畴并没有穷尽经验。如果从机械论的立足点来看，伦理行动(举他自己所举的主要例子来说)的世界仍旧是完全不可知的。目的的规定是这个世界的特征，而康德说，如果不在自由的观念之下，那么如此规定的行动也不能被我们所理解。也就是说，如果尝试通过自然因果性的范畴来解释它，就等同于否认了与之相关的事实的实存。这种程序意味着，通过抑制激情，我们抹去了两组事实的具体差异；然而事实上，只要我们找出可能性的原因，那么差异就必定会出现。现在对于康德来说，人们都知道道德经验就是实在，在《实践理性批判》的序言中，他把自由的理念说成是"思辨的和实践的纯粹理性体系的整个大厦的拱顶石"；而任何细心的读者在阅读第一批判时都会注意到，超感官的实在世界的远景时不时地向我们敞开，以至于我们最终会随着论证的进展而被带入其中，感官经验的整个批判的规划因此被赋予明显的预备特征。当康德重新审视第二版序言中这方面工作的范围和方法时，他完全认可(且事实上在做)这方面的工作。康德在那里说，整个调查只是在实践材料的基础上为扩展我们的知识"留下地盘"；那么在继续讨论道德的前提条件时，我们似乎只是从理性经验的一个领域转移到另一个领域。根本上说，在三大批判中，康德的方法都是一样的：这种方法是一种通过规定其可能性条件的视角对特定经验的分析。因此，人们会希望，他的分析所导致的不同概念集合可以依照各自的优点而被不偏不倚地对待，或仅仅被看作存在于它们彼此关系中的、对经验所做的部分的理性解释。如果我们对概念的演绎完全正确的话，那么它就使先验方法不再能谈论它们之间关于客观真理或有效性的差异。但是众所周知，康德做出了各种这样的区分。因此，在《判断力批判》中，他发现组织(organisation)的观念是对自然做完整描述的必要条件，就像他之前发现实体的概念是对较窄范围的经验做完整描述的必要条件一样。但是，他武断地坚持认为，前者仅仅具有范导性的运用（帮助心灵进行调查的虚构或心灵的造物），而他承认后者成为自然本身的构成物。所以康德再次把经验和知识这些词限定为第一批判的感官现象，然而我们只是在面对理性信仰或道德的确定性问题时才做出伦理经验的假设，我们无法不用与众不同的头衔来装点一个东西而不相应地贬损其他的东西。在这种情况下，经验这个词是一个乞题的表述（question-begging epithet）。一旦做出这种区分，就不可避免地使人把《纯粹理性批判》仅仅看作康德世界理论的具体表现。生命、美和道德的范畴被看作多少具有不确定性的附属物，不管接受还是拒绝它都不对最终的感官范畴产生影响。毫无疑问，时下人们最喜欢以这种方式发展康德的思想。之所以造成这一后果，康德本人应负主要责任，因为他习惯为进行分析而"孤立"不同的经验领域，并在其后忘记展示它们彼此之间的有机关系。然而，这种发展康德思想的方式忽视了上面所引用的两版序言中的明确暗示，也没有搞清楚康德要摧毁的心灵与实在之间的关系到底意味着什么。毕竟，我们可能太过强调康德在用语上的区分，而我们需要记住的是，虽然他拒绝把他的道德信仰称作知识，但是他坚持认为只有它才能使他与实在相沟通。

如果我们现在回过头来再看康德对我们知识现象的本性叙述，并且把对我们感官对象的非法指涉抽象为先验的物自体，那么感官经验的现象性的另一种意义就开始出现了。对立不再存在于感官与其未知的相关物(或原因)之间,而是存在于作为因果必然性的领域(或自然的感官世界)和康德称为的"理知世界"(或在其中意志依据自身的法则规定自身的目的的领域)之间。通过自我立法和自我服从的意志的概念,我们获得了本体性的人格性和自由。因为我们把关联着的各个部分的互相外在状态(externality)拿来与关于像自我规定的意志那样概念的自我中心的终局进行对比,所以才会因其是现象的而对感官世界予以谴责。如果这不是《纯粹理性批判》中最为突出的现象的意义,[1] 那么这种对立就仍旧会不断地出现;而当人们突出这种对立时,对象对它们的先验相关物所做的其他指涉就会失去其重要性,并且甚至变得完全不重要。每一个人都可以通过求助于康德的"把所有对象划分为现象与本体的理由"这一正式章节来说服自己相信这一点。他会发现,本体或非感官的对象的概念在那里被定义为"界限概念"(Grenzbegriff),即一个限制性的概念,或更为准确地说,被定义为一个为感官的领域设定界限(ein die Sinnlichkeit in Schranken setzender Begriff)的概念。康德说,如果概念不能给我们一种关于现实实存的、理知的或非感官的对象的知识,而是仅仅断言它们的可能性,那么它就是成问题的。界限概念的用处就在于,通过它,我们使感官知识无法宣称自己具有完全的实在性。很明显,如果我们把康德说成好像在用"成问题的"这个词来质疑他时常称为我们观念的"非感官的原因"的东西的现实实存,那么我们就没有公正地解释这个"成问题的"词。他会重复地说:"如果不是通过对象激动我们的感

---

[1] 这里的"这"指的是本体性的人格性和自由。——译者

官,那么知识能力又该由什么来唤起活动呢?"康德仍旧像以往那样看待感官的质料的起源问题,但是他在这里所说的是另一种关系,并且那个问题已经暂时不被关注了。他在限制感官,以此为理知世界(mundus intelligibilis)——他在其后要产生受实践理性之保证的理知世界"留下地盘"。与此同时,自由和他宣称自由所包含之内容的实存也纯然是成问题的。据我所知,康德只用理知世界的说法来指称受伦理之规定的能动者的世界,这更加能够证明,他确实在评论感官的缺陷时着眼的不是完全超越理知的经验范围之上的某物,而是经验本身的更高阶段。严格地说,低阶的观点并不因高阶的观点而失去其合理性,但是我们可以看到如果试图把感性世界看作绝对的或只与自身相关的东西,那么我们就是把它看作非理知的。如果我们用这种方式把相互作用的实体的世界孤立起来,那么它就会有一系列没有统一性的多样性的、没有内部性的外部性的、无法计数的完全非理性的东西。用康德的话说,我们不可能把自然当作自在的目的,当作某种依凭自身(on its own account)的某物,但是理性需要这种自足的和自圆其说的概念,以至于它只能依赖它自身。康德承认,只有理智(且尤其是道德方面的理智)能给出这种理性所缺少的概念;他说,自然本身预设了一种不属于它的统一性,并且当我们在作为其目的的理性存在者的关系中来看它时,它成为一个王国或体系。①

因此,正是由于感性世界的不完整和无我(self-less)的特性,所以我们从理知世界的立足点出发来看时,感性世界就是

---

① *Grundlegung zur Metaphysikder Sittcn. Werke*, IV. 286 (ed. HartenStein).

现象的。而康德说，理性不得不超越于现象之上而占据这样一个立足点，"如果我们不否认，人会意识到自己是理智，从而是理性的、通过理性活动的亦即自由地起作用的原因"。[1] 我们不能低估这一观点中转变的重要性。在这里，自我意识明确地被提出来作为一切现象都指涉的一个本体，并且通过它，一切现象被判断和宣布为现象。这就是康德实现的真正哥白尼式立场转变，或者至少是他让我们实现了这一立场转变。它一定是根本性的，因为它颠倒了旧形而上学依据的整个实在性概念。恐怕在当下，哲学的主要范畴仍旧是内在和外在的范畴、实体和性质的范畴或者（以最新和最吸引人的形式表现出来的）本体和现象的范畴。在人们的诠释之下，这些范畴所表现的是紧盯事物外部的智力，这种智力只了解世界的表面，并且为揭示强烈的实在性（intense reality）——"偶然之物的支持"而悲伤痛哭（但后者其实无法被揭示，并嘲笑了我们的哭泣）。一种真正的形而上学告诉我们，如果我们这么做，那么我们实际上就是在"为不存在的东西而悲伤"。这种无法达致的实在性完全是心灵的虚构。如果我们了解到，只有当现象世界所指的是理性不能达致的某物时，我们才可以用现象世界这个说法；如果我们了解到，要在自我意识（或在知识的概念及其推论）中才能找到最终的本体，那么就不存在超验的、不可知的东西。于是，世界的中心就在作为具有自我意识的存在者自身的本性之中，就在与我们的伙伴所共享的生活（它以不同的方式构成世俗和神圣的共同体那样的东西）之中。事实上，相较于诗人和人文主义者的精神与

---

[1] *Werke*, IV. 306. 康德自己使用了"立足点"（Standpunkt）这个表达。

情绪，自然科学所培养的精神和我们一切人都熟悉的情绪（这种情绪把人们微不足道的生活及其关注的东西与世界的盛况和无边无际的太空放在一起衡量比较）更不哲学化，因为对于诗人和人文主义者来说，如果没有人文戏剧的背景，这些盛况就没有意义。普通人的形而上学通常是通过宗教或诗歌获得的，而相较于请教专业的哲学家，他们更可能以这种方式接近真理。

因此，康德的伦理学体现了作者的优点而不是缺点。我们不能把它看作一种为了修补知识的缺陷而做出的对信仰的召唤；相反地，康德的伦理学是建立在康德最深刻哲学概念之上的。但是正因如此，上层建筑包含了许多可供质疑的材料，并且正如我们并未参与到诠释学的过程当中，我们必须对伦理学观点与机械论观点之间的关系形成一个总体的概念。这将是本文主要论点（范畴或观点的区分）的一个例证。同时，在目前的情况下，这也是更有必要的，因为一方面，康德主要是通过否定来表达这种观点的，并且使感性和知性的体系被一条明显的不可逾越的鸿沟所分隔。另一方面，他应用于伦理世界之上的、对自由做出的肯定表达是如此之模棱两可，并且让受过科学训练的人感到威胁，以至于它与其说给人启发，还不如说引人误解。于是我们可以立即说，如果康德对自由的叙述似乎能把人从所有使他从当下所处的影响和环境中提升出来，并使他面对各种动机冲突而站在高处颁布决定性的、完全不依赖外力的命令，那么毫无疑问，这种观念不仅与自然科学和社会科学的教导相悖，并且对宇宙中的所有理性关联来说都是致命的。但是在这一概念中，自我是一个空洞的单位，是一种在事实上并不存在的抽象。只要接受了这种自我的概念,我们似乎就不可避免地被环境的冲击所击倒。在严格的意义上,如果包含在人的自我之中的所有内容都可以被清空,并且人可以被还原为这种原子式的状态,那么人就不过是体现诸力量之构成的移动的点而已。决定论完全有权把抽象的自我还原为这个立场,从而取消它;"自由意志"的拥护者试图为这种自我而保存一种将注意集中于一个动机而不是另一个动机之上的力量,只不过这种努力是徒劳的。但是令人高兴的是,现实的自我并不是这个爱好辩论的幽灵:当一个人还处在婴儿期(甚至在婴儿期之前)时,周遭的世界就在塑造他,提供给他各种各样的、呈现为信条和法则与偏见的、长久的动机,并在我们用日常话语给这一个或那一个人命名时创造我们所指涉的具体的人格。而人是不能与这个世界分隔开的:具有自我意识的个体并不是仅仅与他自身相同一而与其他一切事物都不同的某物;他甚至不像自然中的一个事物对其他事物具有排他性那样具有排他性。自我意识把整个过去和整个当下都转化为它自身的本性,因此,对于一个人来说,他的动机并不来自外部;它们是他善的自我或恶的自我对他的暗示。而如果他回顾过往经验(当他的自我在形成过程之中时),那么他自己就不能采取这种外部的视角。之所以他不可能采取这种视角,是因为这种视角消除了一个他不能离开的假设。他会更愿意说,他已经使自己成为他自己;他必然使自己等同于他所有的过去,并且他可以说他过去所做的所有行为都是"我自己做的"。简而言之,尽管外部视角及其动机的列表可能对统计学来说是有用的,并且可能产生不可轻视的科学后果,但它们对伦理学或对道德经验的解释本身来说是绝对没有价值的。作为具有一般意义上理智的伦理行动的假设是自我。正如上文所释，我们确实不认为行动中的自我会带来一种无法解释的力量，正如我们不认为作为智力的自我给事物增加了任何本来就不存在的规定。但是正如任何形而上学都不立足于自我意识（都不认为自我意识是基本假设和思维的最高范畴）、都被迫公开或不公开地否认有意识的生命那样，不立足于理性存在者自我规定的伦理的科学（a science of ethics）也完全真正地深入道德经验之中。道德经验的关键完全在于这种自我指涉；如果这种自我指涉遭到摧毁，那么整个伦理学的观点就都消失了。让我们把这个观点与我们所依据的自然科学观点进行一番对比：依据这个立足点，每一个道德行为都只是一个事件，并且作为一个事件成为存在于一系列机械论变换中的某样东西。当然，这是一种看待相关行动的方式；它们是这种事件，并且对科学来说，这是合法和真实的对待事物的方法。我们认为，科学的解释并没有充分表达出它们的意义，因为它没有从根本上对与道德意识相关的行动做出解释。因此，伦理的世界被叠加在科学的世界之上，它并不与科学的世界相矛盾，而是引入一种新的概念的秩序，由此对科学来说，原本纯然是一系列事实性单位的行动，变成了由目的或应当概念所指引的生活中的要素；它们唯一的伦理学意义是与这种理想中的判断意识相关的，在这一层面，它们就不再是受其他事实制约的事实。伦理意识把自身等同于它的每一个行动，因此每一个行动都立即被指涉义务的标准。也就是说，从伦理的角度来看，行动并不指涉以往的、关于动机(行动是它的合法结果)的环境和倾向;当人遵从或者希望遵从他所赞同的或对他的行动做出谴责的法则时,他的内心会发出"你应当"的声音,① 但是人不会让他的行动面对这一声音:一个旁观者,如心理学家、统计学家或科学的教育者等等,而非人自己,适合用前一种方法来看待他的行动。只要一个人开始通过说他的错误在环境中是多么"自然"这种方式为他的错误找借口,他就不再持一种伦理的观点。他预设了旁观者或科学观察者的立场,并且无论这种立足点对别人来说可能有多么合理,对于故意采取这种立场的人来说,这无疑意味着对他伦理意识的破坏。因与果并不适用于伦理学的范畴,适用于伦理学范畴的是目的以及与之相关的义务。

但是,伦理的目的的世界只是使世界可以变得理知的观点之一;如果把它当作感官世界的唯一对立面,康德就有可能像上文所暗示的那样陷入新的二元论。甚至太把一个世界说成是"理知的"也是不好的,因为这样会使感性世界完全不与意识相关。在这方面,我们不妨回顾一下康德对感觉经验中智性要素的证明:我们获得不了机械论的科学规划所给予我们的"事实",我们也无法在伦理学中获得一个看待这个事实性世界的观点。在这个意义上,纯粹的事实是不存在的,除非有一种抽象的思维把它们想象成可以挂上关系的钉子。知识过程的关键不在于发现这样的个体(individua),而在于逐步推翻这种看待事实之本性的观念。在这个过程中,对事物的叙述是某种心灵努力把世

---

① 法则下的命令到底有何种"质料"当然取决于他所处的环境和他的过往,但是法则的"形式"实存于意识实存之处,因为权利和义务都包含在最为原初的社会概念之中。

界呈现为理知的整体的方式；这是对世界的一种理论化(theorising)，而结果是，这种理论化是不完整的且最终是自相矛盾的。这样的考虑使我们开始期待一个从较不完整宇宙概念到较完整宇宙概念的逐渐发展的过程，而在康德从机械论到道德的伟大飞跃中，我们看不到这种考虑。在这里，康德再次帮助了我们。根据他自己的说法，在第一批判中所描绘的知性世界和第二批判中所描述的理性世界或自由规定的世界之间存在着鸿沟，而《判断力批判》的目的是在这一鸿沟之上架起桥梁。在我们看来，康德在谋划把他的研究关联起来的各种能力时总是显得十分刻意。就这里而言，进入《判断力批判》的最好办法莫过于去读它努力要解释的自然的各个方面。其重要性在于，它认可了某些在我们对世界进行思考时不断出现但并不存在于批判性自然观念中的观点。这些是对事物的审美判断和目的论判断，或用一种更不技术性的话语来说，是对美的和有组织的现象的判断。[①]

这本书的缺点在于它所依据的假设——第一批判已经把客观性完全地说清楚了。换句话说，康德相信，知识受限于想象力，只能在空间关系中建构出来的东西才是(在知识的意义上)实在的。现在，《判断力批判》的关键事实就在于它产生了两套反例：在空间的关系中，我们没有充分地说明活着的物体和被认为美的对象。想象力只知道外在于且独立于另一部分的部分，但是在有机体中，这种外在性和独立性就消失了。部分通过作为其部分的整体才是部分，部分和整体事实上获得了一种

---

① 为避免混乱，此文并不涉及为了我们关于世界的终极概念而做出的审美判断或艺术范畴的判断的意义问题。

在其中必然关联第一次出现的意义——这种关联或结合是如此之密切,以至于不能被部分和整体这种包含数量之暗示的术语所充分表达。同样地,原因的范畴不能被用于有机体,因为所有的部分都互为因果,并且作为整体的有机体既是它自己的因又是它自己的果:它把自身置于组织之中。在所有这些方面,康德对有机现象的描述都是无可挑剔的,他很好地为自己做了辩护。但是不幸的是,他所举出的反例并没有改写他的理论,这些反例仅导致了一种新的区分。自然的各个新方面不能被认作建构性的,或者不能被认作客观有效的,但是它们可以被接受为关于现象之研究的范导性观点。但是,由于除了要做出已被证明不相关的预设,我们没有理由进行这种区分,所以我们将毫无顾忌地把这种区分丢到一边,并不把有机体与机械论之间的关系看作主客观之间的关系,而是看作对同样的事实做出的较为充分的解释。

必须注意的是,上述有机体的概念并不主张单独地构成生命现象原因的生命力是实存的,这就是那些已经声名扫地的形而上学家匆匆得出的推论。但是我们很容易看到,通过这种解释,我们不过对需要被解释的事物又说了一遍,或者换句话说,把它具体化为自身的原因。除此之外,当生理学家走近一个活着的物体时,他发现到处都是由互相关联并与周遭世界沟通的部分所构成的机械论。在这个体系中的一个部分把运动传递到另一个部分之上,其间并没有受到除机械装置之外的其他事物的干预;因此,在机械运动的圆圈之中,我们找不到任何可以引入超验之原因的空隙。简而言之，生理学家在描绘有机体不同部分的行动时，与心理学家在说明心理状态和过程时所持的立场完全相同。经验性的心理学家把最为复杂的状态分析为它们的要素，并建立了由简单的欲望和憎恶构成的伦理观与宗教观，并且这些观念从头到尾都是通过一个本质上机械论的过程完成的，其间没有指涉关于作为这些状态实存之目的的、有意识的生命的任何统一。正如心理学家既没有机会也没有权利思考他称为自我的任何特殊力量那样，面对有机体的生理学家也没有办法做到这一点。正如心理学家在意识的状况下工作那样，生理学家在有机的实存的状态下工作，但是却不要求他们所从事的具体科学明确谈论这些状况。因此结果是，只要生理学把活着的物体看作一个整体，它就会把这个活着的物体表现为由空间中的部分所构成的单纯机械论的结合。抽象不仅是合理的，而且也是必要的；然而，这也是对同样被看作对一个活着的体系之一部分的部分的意义所做的完整抽象。从有机体的角度来看，或者把它们放在与整体的关系之中来看，它们是互相包含的，并且在特定的限制之下是互相创造的。机械论的假设被彻底推翻了，以至于在有机的立足点上，各个部分的互相排斥性消失了；作为有机体的有机体绝不在空间之中。因此，如果我们继续抽象地看待各个部分或者把各个部分看作互相分隔的，并且如果我们把这当作对它们的完整叙述，那么我们就把构成需要被解释的现象的事实抛在了脑后。

如果我们从客观的机械论和纯然主观的有机体的概念出发

谈论问题，那么我们就必须颠倒这种关系。因为即使被用于所谓的机械的事物之上，如果我们把因果性的概念想成相互性的范畴，并且如果相互性被看作完整的，那么后果就是，我们来到了一个完全互为条件的事物所构成的封闭圆圈之中，在其中一切现实的因果性都不再起作用。宇宙变成睡美人在其中沉睡的宫殿：在这个死气沉沉的画面中，不可能发生任何运动。我们以这种方式扬弃了我们开始所用的概念，而最终只发现，有机体的概念为我们（至少暂时地）解决了矛盾。

如果相互性的范畴和抽象的个体性对活着的物体的谈论让我们感到失望的话，那么当它们要对待有意识的个体和所谓的社会有机体时，它们就更加无法帮助到我们了。我们一步一步地打击了抽象化的智力恶习，但当我们获得自我意识时，这种错误的本性才完全地显现出来。当我们从那个最高范畴的角度审视日常的和科学思维的概念（在这一视角看来，这些概念都是些不完善的想法）时，我们就会看到，每一个阶段的世界观之中的每一个从事认识活动的人都在努力地从抽象的个体主义中解脱出来，或者正如斯宾诺莎所说，都在努力从坚持把个体看作物自体的想象思维中解脱出来。当我们来到唯一真实的个体（具有自我意识的存在者）时，我们发现个体性并不是我们以往所想象的那种排他性的事物。自我唯有在它同时也是普遍的时，才是个体。它认识自身——它之所以是它自身，不过因为在其知识之中不仅包含一个作为空间和时间中对象的特殊的自我，而且包含一个包含许多这种自我的完全理知的世界。一个单纯的个体——让我们假设它在某一瞬间是可能的——会是一个没有自我的点；它假设了这种把我们引入更低端矛盾的没有自我的点是实在的。在自我的概念中我们发现，通过人不再是刚才所说的那种假象的点，外在于人的（或与人不同的）东西在一个狭隘的意义上进入并构成他的自我。只有通过个体与整个理知世界的关系，个体才被个体化。在一个更为局限的意义上，他的个体性是由作为其一员的社会有机体所构成的；只有当他是社会的一员时，他才是一个个体。如果这是社会与个体之间的关系，那么我们立刻就可以看到，只要有任何理论试图把个体当作单纯的个体并且把社会看作为了共同的利益而联合在一起的这种存在者的集合，那么这种理论就是错误的。自由放任（laissez-faire）的学说和警察国家的理论是被从个体主义的前提直接地推导出来的。基于这种观点，国家自然应当被看作外在于个体的机构，而它之所以被建构起来，仅仅是为了让其能够安心生活，且享受其私产。但是这两条原则都被实践的逻辑驳斥了，甚至发表经济学学说的人对经济学学说进行了大量修改，因为他所宣称的哲学原则使他们有权这么做；而国家的外部视角不仅在无数的生活领域中被实践的行动所驳斥，而且也被无视个体或民族的任何一种爱国情绪所驳斥。如果国家是它所表现出来的样子，即人为的集合，那么我们何不引一段莎士比亚慷慨激昂的话来解释：

> 这一个英雄豪杰的诞生之地，这一个小小的世界，
> 这一个镶嵌在银色的海水之中的宝石……
> 这一个幸福的国土，这一个英格兰……
> 这一个孕育着这许多伟大的灵魂的国土，这一个亲爱

又亲爱的国土。①

这一个小小的世界——没有哪句话能比它更贴切地描述真正的国家对其公民来说必定永远是什么了。国家不是霍布斯所说的吞噬个体的利维坦,而是一个伦理的宇宙;个体出生于这个宇宙,并且通过它,与普遍经验更为宽广的宇宙的关系得到了和解。但是,本书的其他文章都坚持这种考量,而且我们高兴地看到,这种考量正在其他地方得到承认,尽管人们还没有意识到这种考量最终的哲学意义。除非我们认识到这种个体主义的形而上学在方法上的谬误,不然我们还是没有资格放弃它。我们不需要害怕这么做会牺牲我们所说的个体性的权利,比如,社会主义是对个体主义的畏避,而非对它的驳斥。个体主义和社会主义同样地受到真正的自我意识的驳斥,后者以一种看似不可能的方式(如果我们从事的是抽象的论证而不仅仅是对具体现实的分析)把所有的包容性和最大规模的集中结合起来。当我们坚持这种概念的时候,社会有机体实现于其中的成员不会停止对具有人格的他自己的认识,他们也会要求他们的自由生活不被国家的假象的需求所牺牲。

因此,我们对范畴的完整批判把我们引向自我意识或知识的概念,在这里我们可以最后一次把我们与康德联系在一起。在本文的先前部分,我们已经严厉地批判了他的知识理论的缺点。我们已经看到,因为他把心理学的或从旁观者视角出发的对知识增长的叙述与对其条件的先验分析混为一谈,所以他的

---

① 引自《理查二世》第二幕第一场,译文参考莎士比亚:《莎士比亚全集》(第三卷),朱生豪译,时代文艺出版社1996年版,第1468—1469页。——译者

分析在很大程度上已经失去效力。这也已经表明，从前一个（或多或少是抽象的）解释的阶段必然会在知识的发展中被后一阶段所取代的这个真实的角度来看，由这种混同而得出的假设如何使他看不到范畴互相之间的关系。但是，尽管康德在相互性上划出了绝对的界限，但他还是明确地宣布，诸范畴的范畴（统觉的统一性）已经从被它自己创造出来的概念所支配的状态中解放出来了。他说，它不能通过这些概念中的任何一个而得到理解，它只能通过它自身而被认识到。知识本身与一个普遍综合的原则相关，后者自称是"我"，而康德为了把它与构成这种形式的统一性之质料的经验性意识区分开来，把它描述为先验自我。康德关于这种统一性的观点纯然是逻辑学的并且纯然是属人的，因此他并不承认他已经在这里和在伦理的领域也发现了真正的本体。然而正是因为他主张一种作为思维的最终原则的主体的统一性，所以直接地产生了作为主体之必然的有机部分和以这种形式构成了完整的事实（Fact，一切所谓的诸事实[facts]不过是它的抽象）的知识的概念。只要不对康德的根本意义抱持偏见，我们就可以在独断论和批判之间划下一条界线。从实践的角度来说，所谓的独断论（或对未经批判的概念的运用）就是不加质疑地把机械论的范畴用于意识与事物之间关系之中的思想倾向。心灵和质料得到了具象化，而相互性的范畴被用来描述它们在知识中的联合。在这个意义上，我们已经思考过康德本人在何种程度上是独断论者这个问题；无论如何，康德之前的整个近代哲学就是基于这个概念的。"为了使他的理论站得住脚，"弗雷泽教授最近在《不列颠百科全书》的洛克词条下所做的一个说明中说，"他（洛克）一开始就在现象之下预设了一种假设性质的二元论，一些是可以指涉外在事物的现象，另外的是可以指涉有意识的自我的现象，并且在事实上承认这种二元的经验是最终的事实，如果要否认这一事实，我们就无法谈论我们思维的发展和构造。"我们需要注意的是，这里所说的并不是知识的二元性——如果所说的是这种意义上的二元性，那么知识本身就会是最终的事实；在这里所做的假设是对两个事实或事物的假设，即从这两者之间的（或然性的）关系中产生附加的第三个事实。派生性的事实扮演了某种照出包含前两种事实的现实性镜子的角色。现在，如果我们起始于一种独立自存的自我（无论如何都不可能是一个自我的存在）和一个独立自存的世界的概念，那么我们很容易以上文所述的方式对经验做出区分，因而很容易建立起我们一开始所做的假设性的二元性。正如弗雷泽教授所说的，这是洛克所做的事情，而一切心理学的哲学仍旧在这么做。当二元对立变得更加尖锐时，思辨必然像观念论和唯物论那样，把一个实体消融到另一实体的一系列变化之中，而怀疑论则冷静地向两方的争议者指出，适用于其中一方的论证也适用于另一方。但是，只有指涉独立自存的、经验产生的关于实体的二元性的假设，观念论、唯物论和休谟主义才具有意义：它们要么否定了其中一个要素；要么断言它们中的哪一个无法被证明，但是原本出现在对二元实存所做的这种假设中的抽象却并没有被攻击。休谟是一个怀疑论者，因为他并不像笛卡尔和洛克的形而上学处理的实在性方式那样证明心灵或质料是实在的，但是如果实在事物无非抽象思维的虚

附录二 作为范畴之批判的哲学 205

构,那么对我们关于它们的知识的怀疑性反证就远远不是最终对任何实在知识之可能性的反证——我们更应该把它看作要真正认识到实在性的内涵就必须做的准备工作。

我们只有通过对知识的先验分析才能获得这种概念——单纯地只对待知识本身,而不对产生它的实存做任何假设。只要这种分析仍然忠实于其先验的立足点,它就不会总想着脱离综合来证实知识的条件,它将只是把它们作为一个具体实在物中的不同要素(或作为它的不同方面)而互相相关。这就是康德处理"我思"的方式与笛卡尔处理"我思"的方式如此不同的原因。康德就像笛卡尔一样,在一个"我思"中发现知识的假设和理知的实存,但是他绝不会忘记,只有在与世界的关系之中或者作为理知要素的综合时,自我才会实存或者才具有某种意义。不具有这种统一原则的世界会在不相关的特殊物中分崩离析;如果把综合原则从其所统一的世界中脱离出去,那么综合原则本身就是空洞的统一性($I=I$),甚至,我们只有通过对互相相关的对象的综合才能获得这种自我同一性的意识。这种关联的必然性完全可以被看作先验方法的基本特征,"自我只有通过世界才得以实存,反之亦然"绝不是说说而已,我们同样可以说,自我就是世界,而世界就是自我。在一个完整的陈述句中,它们之间的关系就是主词与其谓词之间的关系:主词与完整的谓词是同一的,主词并没有多出任何东西。所以,自我和世界只不过是同一个实在物的两面,它们是我们从两个对立的视角所看到的同一个理知世界。但是最后,不能忘记的是,只有从自我或主体的角度才能把握同一性,因此,这是把整体统一起来的最终观点。

因此,通过谈论知识的自我,很容易理解我们是从经验中任何特殊的自我那里完成抽象的。只要掌握了康德对先验自我和经验自我的区分,就可以不在这里遇到困难;与此同时,知识的理论只是把先验自我的实存看作这些经验个体的形式,以这种方式提出实存的问题,就是再次回到机械的或空间的范畴,并且把思维的最终综合当作可以在这里或那里实存的东西。但是,只对于我们在各个领域都面对的抽象思维来说,孤立的事实才是实在物的类型。对于知识理论来说,先验自我——作为一切经验的复写——仅仅是统合宇宙的(通过它才得以成为宇宙的)必要观点。

因此,康德的批判及其划定知识和无知之领域的宣称在我们手下变成不那么自命不凡的范畴批判的形式,它不再试图确定理性本身的有效性。知识的可信度是而且必须是一种假设,但是这并不意味着每一个经过理性推理的结论都是真的。知识本身并不是对事实的一劳永逸的集合,我们并没有在此之后又加上其他事实以扩展我们的知识,就像我们通过一英亩一英亩地增加土地来扩展私人土地一样——这不是知识之发展的真实写照。相反地,科学的每一个进展都在部分地驳斥我们已经知道的东西,我们在每一个新的科学理论中都要对旧的科学理论所依据的概念进行批判和纠正。只要我们把这个问题推向极致,知识的进步就不外乎逐步地对它自己的概念做出批判。而且,正如我们所看到的那样,这还不是全部。除了个别科学所进行的持续的自我批评,还有一门科学或研究部门对另一门科学或研究部门的批判。生物学意义上发展的范畴无法被无机世界所容,但如果没有发展的范畴,生命的科学就无法移动手脚;行动的科学建立在义务的概念之上,而整个自然世界则对此一无所知,但是只要这种相互的批判落到互相独立的科学自身手中,它就有可能退化为一场没有裁判的争斗。通过显示持不同观点者之间的关系,并允许每一方都有一个相对的合理性范围,作为知识理论的哲学可以单独地在参与争斗的人之间仲裁。比如,当自然科学开始表达它自身的后果并且提出一个完整的宇宙理论时,哲学需要介入并说明这些后果如何完全取决于先入之见,后者是从特定的知识阶段所得出的,且它自己会在进一步的思维进展中被驳倒。哲学作为一门思维的科学应该对范畴及其辩证关联进行完整的调查,但这种逻辑学可能永远也写不完。与此同时,如果作为科学的批判者的哲学满足于从科学中获得它的内容并部分地进行预言,那么它也许会更好。前文已经举例说明了概念或观点中的这种进展和联系,而是否把辩证这个名字用在它们之上则并不是一件小事。作为知识的监察人的哲学所担负的这种批判性职责是如此之重要,以至于科学之女王的尊严甚至不会因此而被损害:她不仅是特殊的科学的批判者,而且还是所有形而上学和哲学体系的批判者。

大多数科学界人士都相信,形而上学的关键在于对超验之存在(如外在的神或斯宾塞先生的"不可知之物",又或孔德所说的"本体")的阐述。但是知识理论教导我们,一切这种在虚空之中的建构都源于人们相信,实体是与一切的质都不同的某物,或者相信因不等同于其果的总和(sum of its effects)的某物。与之相反，我们从知识理论中学到因与果、实体与质和一切与之类似的概念都不是两种不同事物的名字，而是同一对象的必然方面，因而当我们在处理作为一切对象之综合的宇宙，而不是处理有限的对象时，我们不过是再一次地为这种综合编造一个原因。从坏的形而上学中解脱出来是迈向科学的真正概念的第一步，也是最重要的一步。正如我们试图表明的那样，真正的形而上学要对经验进行批评，其目的在于从科学和生命的材料中发展出关于经验本身的完整概念。

图书在版编目(CIP)数据

从康德到黑格尔的发展：兼论宗教哲学 /（英）安德鲁·塞斯著；邢长江译. — 北京：商务印书馆，2024
ISBN 978-7-100-23597-6

Ⅰ.①从… Ⅱ.①安…②邢… Ⅲ.①康德(Kant, Immanuel 1724-1804)—哲学思想—研究②黑格尔(Hegel, Georg Wilhelm Friedrich 1770-1831)—哲学思想—研究 Ⅳ.①B516.31②B516.35

中国国家版本馆CIP数据核字（2024）第066430号

权利保留，侵权必究。

从康德到黑格尔的发展
兼论宗教哲学
〔英〕安德鲁·塞斯 著
邢长江 译

商 务 印 书 馆 出 版
（北京王府井大街36号 邮政编码100710）
商 务 印 书 馆 发 行
南京新洲印刷有限公司印刷
ISBN 978-7-100-23597-6

2024年8月第1版	开本 889×1194 1/32
2024年8月第1次印刷	印张 6⅞

定价：54.00元